全息孵化跨境电商创新创业人才探究

郑辉英　吴小平　张小斌　著

延边大学出版社

图书在版编目（CIP）数据

全息孵化跨境电商创新创业人才探究 / 郑辉英，吴小平，张小斌著. -- 延吉：延边大学出版社，2020.12
ISBN 978-7-230-00322-3

Ⅰ．①全… Ⅱ．①郑… ②吴… ③张… Ⅲ．①电子商务－人才培养－研究 Ⅳ．①F713.36

中国版本图书馆 CIP 数据核字(2020)第 241353 号

全息孵化跨境电商创新创业人才探究

著　　者：	郑辉英　吴小平　张小斌
责任编辑：	董德森
封面设计：	延大兴业
出版发行：	延边大学出版社
社　　址：	吉林省延吉市公园路 977 号　　邮　编：133002
网　　址：	http://www.ydcbs.com　　E-mail：ydcbs@ydcbs.com
电　　话：	0433-2732435　　传　真：0433-2732434
制　　作：	山东延大兴业文化传媒有限责任公司
印　　刷：	延边延大兴业数码印务有限责任公司
开　　本：	787×1092　1/16
印　　张：	12.75
字　　数：	190 千字
版　　次：	2022 年 3 月 第 1 版
印　　次：	2022 年 3 月 第 1 次印刷
书　　号：	ISBN 978-7-230-00322-3

定价：48.00 元

前　言

随着全球现代信息技术的发展和经济一体化趋势的加剧，我国跨境电子商务产业迎来爆发期，对创新创业型跨境电商人才的需求日益增加。但就目前的情况来看，跨境电商人才培养机制还不够完善，存在着人才数量不足、质量不高等问题，这些已经成为制约跨境电商产业发展的瓶颈。目前，我国需要在转变经济发展方式、调整产业结构、全面深化改革等方面下功夫。跨境电子商务是"互联网+产业+国际贸易"的互联网思维的实践，不仅开拓了外贸增长的新空间，而且促使商品和品牌的全球化流动更加便捷。

在此背景下，《国家中长期教育改革和发展规划纲要（2010—2020年）》指出，职业教育要面向人人、面向社会，要着力培养学生的职业道德、职业技能和创新创业能力。同时，《国家中长期人才发展规划纲要（2010—2020年）》要求"加强人才资源能力建设，创新人才培养模式，注重思想道德建设，突出创新精神和创新能力的培养，大幅度提升各类人才的整体素质。"因此，如何精准培养具有孵化能力的现代电商创新创业人才，是跨境电商行业应该思考的问题之一。

目 录

第一章 跨境电子商务的概念和理论基础..............1
第一节 跨境电子商务概述..............1
第二节 高校跨境电子商务人才培养的理论基础..............5
第三节 跨境电子商务的基本理论..............7
第四节 跨境电子商务与国际物流的关系..............11

第二章 跨境电子商务在中国的发展..............19
第一节 中国跨境电子商务概述..............19
第二节 中国跨境电子商务的发展现状..............24
第三节 中国跨境电子商务发展的宏观环境与问题..............30
第四节 中国跨境电子商务面临的风险与防范措施..............38

第三章 中国跨境电子商务企业发展的SWOT分析..............48
第一节 S（Strengths）—优势分析..............48
第二节 W（Weaknesses）—劣势分析..............50
第三节 O（Opportunities）—机会分析..............52
第四节 T（Threats）—威胁分析..............54

第四章 高校跨境电子商务人才培养的现状及存在的问题..............57
第一节 高校跨境电子商务人才培养的现状..............57
第二节 高校跨境电子商务人才存在的问题..............60
第三节 高校跨境电子商务教育教学存在的问题..............62
第四节 政府教育投资与培养政策存在的问题..............64

第五节　发展中国跨境电子商务的对策建议 65

第五章　全息孵化跨境电子商务创新创业人才培养体系的建立 77

　　第一节　创业文化 77

　　第二节　创业社团 102

　　第三节　创业教师 124

　　第四节　创业课程 147

　　第五节　创业平台 170

　　第六节　创业管理 181

参考文献 193

第一章 跨境电子商务的概念和理论基础

第一节 跨境电子商务概述

一、跨境电子商务的概念及特点

跨境电子商务的交易主体分属于不同的关境,是一种通过电子商务平台达成交易,进行电子支付结算,并通利用跨境电商物流及异地仓储送达物品,从而完成交易的国际商业活动。跨境电商是依赖互联网运作和发展的,随着全球各国网络的优化和升级,逐步实现了跨境发展,最终形成目前的跨境电商形态。

跨境电子商务有利于推动世界经济一体化、贸易全球化,它突破了国家与国家间的界限,使国际贸易逐渐走向无国界贸易。跨境电商构建的开放的、立体的多边经贸合作模式,极大地拓宽了企业进入国际市场的道路,也为消费者获取全球商品和信息提供了便利。与传统的贸易形式相比,跨境电商具有以下几个显著特点:

（一）全球性

电子信息具有全球性和无中心的特点，靠互联网电子信息传播的跨境电商同样具有这样的特点。用户不需要考虑国界问题，可以随时把高附加值的产品或服务提交到网络市场，通过互联网向全球用户展示产品。任何人，在任何时间、任何地点都可以借助互联网平台进行交易。

（二）无形性

互联网时代盛行数字化产品和服务。这些产品和服务信息以数据代码的形式出现在互联网上，所以它是无形的。但也正是这一特点，使税务机关难以对交易进行控制和检查，给税收带来困难。

（三）匿名性

因为跨境电商具有无中心和全球化的特点，难以确定用户信息。消费者在线交易往往不会显示自己的真实身份和地理位置，人们在虚拟社会中可以享受最大的自由，承担的责任却很小。

（四）实时性

互联网的传输速度不受地理距离的约束。传统交易模式在收发信息时有一定的延迟，而电商交易收发信息几乎在同一时间进行。这样的实时电商交易提高了互动和交易效率，但其随机性往往会导致交易失败。

（五）无纸化

电子商务主要采取无纸化运作模式，计算机通信记录代替了纸质的交易文件，用户通过收发电子信息实现了无纸化交易。

（六）快速演进

以互联网为依托的电子商务活动正在快速发展，短短几十年，电子交易经历了从 EDI（电子数据交换）到电子商务零售业兴起的过程，人们的生活也随着数字化产品和服务的升级不断地发生改变。

二、人才培养模式

人才培养模式就是根据特定的培养目标，以一定的现代教育理论、教育思想为指导，通过相对稳定的教学内容、管理制度、课程体系和评估方式，实施人才教育过程的总和。目前，我国高校应用型人才的典型培养模式大致有以下三种：

（一）"嵌入式"培养模式

"嵌入式"培养理念来源于计算机嵌入式系统的设计思路，"嵌入式系统"指操作系统和功能软件集成于计算机硬件系统中，使系统的应用软件与硬件一体化。教育学专家将这一概念引入人才培养模式中，使校企双方的功能性需求相互嵌入，不仅能够为企业提供直接的技术支持，且能够加强学生的实践应用能力，解决学校培养与市场应用脱节的问题。

（二）"订单式"培养模式

"订单式"人才培养模式是以就业为导向，为企业"量身定做"，满足企业岗位需求的应用型人才。在这种模式下，企业通常会根据自身的人才需求，与高校签订就业培养协议，即向学校"下订单"，学生毕业后可以直接进入该企业工作。这种模式的优点在于校企双方能够共同制订人才培养方案，互派师资，资源共享，学生也可以在学习理论知识的同时，得到充分的实践技能训练。但此模式在我国高校推广与应用的过程中也出现了一些问题。例如，由于校企利益分配不均等问题，导致双方缺乏合作动力，企业专家经常不能及时地参与到教学过程中，学校的教师缺乏企业实操经验，学生无法得到及时、有效的训练指导，校企之间很难达到理想的合作状态。

（三）"产学研合作"培养模式

现代意义上的产学研合作始于以美国斯坦福大学为代表的"特曼式大学"，弗兰德里克·特曼（Frederick Emmons Terman）教授首创的"硅谷模式"具有里程碑式的意义。这一教育理念在国内起步较晚，我国政府直到 1997 年才将产学研合作教育正式纳入教育体系。所谓产学研合作，就是指企业、高校和科研机构之间的合作，整合三方能够促进技术创新，共同实施人才培养。企业能够充分利用高校的科教资源，获得强大的技术支撑，为企业产品的研发、攻克生产技术难题创造便利，最重要的是能够收获更多匹配企业需求的优秀人才，提高企业的综合实力和市场竞争力。从高校的角度来讲，产教的结合不仅能够提高学校的科研水平，促进科研成果的快速转化，带来经济效益，还能更加科学地调整教学知识的结构，改进人才培养方案，培养出更优秀、更符合企业需求的高水平人才，提高高校毕业生的就业率。

第二节　高校跨境电子商务人才培养的理论基础

一、人力资本理论

人力资本理论认为专业化人力资本积累决定了经济的持续增长和产业的发展，专业知识和技术知识的投资是一个有针对性和计划性的过程，人力资本的开发须保持适当性和适时性。

以美国经济学家西奥多·舒尔茨（Theodore W.Schultz）的观点为代表的早期人力资本理论认为，人力资本是指凝集在人身上的知识、经历、技能、经验和熟练程度等要素，表现在货币形式上即为提高劳动价值、提高人口质量的各项开支。

早期人力资本理论论证了教育人力资本开发和收益呈正相关关系，强调了人力资本积累以开发为主要来源。现代人力资本理论的代表是美国经济学家罗伯特·卢卡斯（Robert E.Lucas）和保罗·罗默（Paul M.Romer）的经济增长模型，它阐述了专门知识培养与人力资本提升及经济增长的内在关系。如今，知识经济对人力资本的教育和培训日益受到各国政府的关注，关于人力资本教育经济效益的研究也蓬勃发展起来。人力资本教育经济效益是指教育背景不同的人力资本所创造的个人收入及对社会的贡献。在其他条件相同时，人力资本教育投资高，有利于提高劳动生产率，个人和社会也可以获得更高的收益，人力资本教育经济效益会更好。目前，我国高校跨境电商教育普遍存在投资高、回报低的问题，本文运用该理论对高校跨境电子商务教育教学投资效益进行分析，从而发现问题，并提出相应的建议。

二、政策网络理论

政策网络理论的形成源于学者们发现政府和利益团体之间由于竞争与合作而产生的复杂的网络关系，这种关系间的互相作用往往导致新公共政策的产生。政策网络主体涵盖了政府部门、私人部门、第三部门以及公民等，因此，政府不再是公共政策过程的唯一力量，只是参与其中的一方。政策网络的特征一般有三个：①每个政策主体目标的实现必须依赖网络中的其他主体。②是各种具有一定资源和目标的主体为实现自身利益而相互影响、相互作用的动态网络。③在这个相互影响、相互作用的过程中形成的行动准则，也会成为制约和影响它们之间互动的反作用力。

政策网络理论是在政策科学中引入网络理论而形成的一种研究方法和分析途径。不同政策主体在政策网络中通过复杂的博弈共同影响着公共政策的过程与结果。本文运用政策网络理论对高校跨境电商人才培养的政策网络进行分析，明确政策过程中的政策主体、政策网络结构及主体政策期望和他们之间的利益冲突，有助于我们从微观角度提出全面、合理的政策建议。

三、产学研合作理论

产学研合作是指高等学校、企业和科研院所之间的合作，其中，企业是技术需求方，高等学校或科研院所是技术供给方。近年来，高校的教育质量问题引起了社会的广泛关注，特别是本科阶段的教育质量问题。应用型本科成为主流，应用型人才的社会需求更加明显。《国家中长期教育改革和发展规划纲要（2010-2020）》明确提出要创立高校与科研院所、企业、行业联合培养人才的新机制。产学研合作创新了我国高校的人才培养模式，是培养应用型人才，提高综合教育质量的重要途径。但随着产学研合作实践的不断深入，这一模式存在的现实阻碍与弊端逐渐显现。本文在产学研合作理论的基础上加入政府主体参与，形成了政府政策引导调控，产学研各方联动的高校跨境电子商务人才培养模式。

第三节 跨境电子商务的基本理论

一、赫克歇尔—俄林（H-O）模型

每个国家拥有不同的生产要素，而生产不同的商品需要投入的要素比例也各不相同。如果一个国家能够出口那些能密集利用其充裕生产要素的商品并使其加入国际贸易的流程中，根据不同的需求去进口那些需要密集使用其稀缺生产要素的商品，可以实现贸易国家间生产要素的高效流通，优化全球资源的配置。这也是 H-O 模型的核心思想。如图 1-1 所示，假设两个国家（劳动力充裕的 A 国、资本充裕的 B 国）、两种产品（X 商品、Y 商品）和两种生产要素（劳动力、资本），曲线 I、II 是

社会无差异曲线，图中曲线 PPFA、PPFB 分别是国家 A、B 的生产可能性边界（用来表示经济社会在既定资源和技术条件下所生产的各种商品最大数量的组合）。

A、A'表示 X 和 Y 商品的数量组合分别是国家 A、B 的 X 和 Y 商品的生产量和消费量，A、A'分别是国家 A、B 的生产点和消费点。当 A、B 两国进行国际贸易时，由于 A 生产 X 相对较多，B 生产 Y 相对较多，根据要素禀赋理论，国家 A 出口 X 进口 Y，随着 X 生产增加，Y 生产减少，国家 A 的生产点沿 PPFA 从 A 向 X 轴方向移动；同理，国家 B 的生产点沿 PPFB 从 A'向 Y 轴方向移动。当两国 X 商品相对价格 PA=PB 时，生产点的移动就停止。这时 B、B'分别为国家 A、B 国际贸易后的生产点。这时，这条斜率为 PB 的直线与社会无差异曲线 n 相切的 E 点所表示的 X、Y 商品数量为国家 A、B 的消费量，E 点为两国消费点。可以看出，国家 A、B 通过国际贸易提高了本国的消费水平，获得了来自国际贸易的利益。

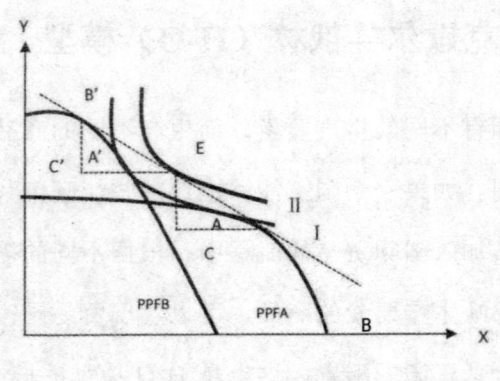

图 1-1　H-O 模型

因此，跨境电商作为各国服务和商品的交换平台，不仅可以充分利用各国要素的优势，提高经济发展效率，也可以使我国产品满足其他国家消费者的需求，为解决我国产能过剩，加快经济转型作贡献。

二、交易成本理论

根据交易成本理论，人类的商业交换活动总是伴随着交易成本的发生，无论是企业还是国家间的贸易流通，无外乎是为了获取利益，因此也必定会产生一定的贸易成本。贸易成本的高低在一定程度上也会决定贸易本身的价值、贸易的成功率、利润的高低，进而决定贸易方的竞争力。

高额的信息费用支出是传统对外贸易难以逾越的障碍，频繁的信息筛选、分析势必会导致成本累积。目前，网络信息技术已经全面覆盖了我国各个企业的管理和运营，电子商务无纸化的特点节省了企业交易过程中的材料及邮寄成本。此外，跨境电商的全球性和即时性也消除了国际贸易中时间和空间的限制。

跨境电子商务可以避免许多不必要费用的产生，贸易者完全可以依托网络获取所需要的信息，传递产品信息，商讨贸易细节，即使贸易协商受阻，产生的成本支出也远低于传统的对外贸易。

三、技术创新理论

技术创新理论认为，技术的创新可以使要素和生产条件间产生一种全新的结合方式，进而构建一种新的生产函数。从跨境电商的角度来看，就是把电子商务作为一项新的创新技术加入到生产函数中，实现生产电子商务与国际贸易的重新结合。或者将"网络+贸易"这一新型的跨境电商贸易模式看作一种新的技术创新，它能够实现各国间生产要素的流通，减少企业生产和运营成本,提高外贸企业的经济效益,促进外贸企业结构的优化、升级,最终带动我国相关产业及国民经济的增长。如图1-2所示,电子商务作为一项新的技术加入到生产函数中,供给曲线S1向右平移至S2,证明新技术的创新增加了商品的产量,降低了均衡价格(商品需求量与供应量相等时的价格)。

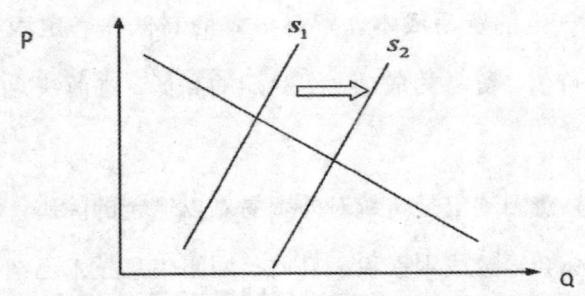

图1-2 创新技术对供给曲线的改变

随着国际贸易在电子商务中的蓬勃发展,跨境电商无论是从距离限制、时间成本还是货物存储、运输方面都掀起了贸易手段突破性的改革。首先,得益于网络的无边界限制,电子商务消除了距离的限制;其次,网络技术不断进步,信息在转瞬间被传递,贸易时间被缩短;再者,直接将商品信息上传至网络进行管理,或交由贸易者审核,也方便了货物管理与信息交换,这无疑是一种全新且好处众多的贸易手段。

四、集聚效应论

在电子商务逐步发展的过程中,相关技术、运营模式、生产模式和信息资源配比都在逐渐融合,合作贸易的理念已经深得各企业和商家的认可。为了长远的发展,贸易者之间建立了紧密的联系,电子贸易环境也在竞争与合作中趋于完善。在新贸易模式的推动下,老牌企业相继开拓新商机;新企业不断诞生,给贸易圈注入新的血液。对企业而言,电子商务对调整资源配置、企业结构、发展方向等方面具有积极作用,网购等电子贸易相关产业的发展,让消费者有了更多购买途径,也让商家提高了经济效益。同时,跨境电子商务既开拓了贸易方式,又间接提供了就业岗位,相继出现了一批新农人、创客、厂二代、创二代等新型创业模式,进一步改善了我国的贸易结构,便捷了贸易信息间的交互。

跨境电子商务的兴起将各个相关产业链紧密联系起来,使产业内部及贸易企业之间的经济联系更加密切。

第四节 跨境电子商务与国际物流的关系

一、跨境电子商务环境下国际物流模式

(一)跨境电子商务出口物流模式

1. 中国邮政

中国邮政占中国跨境电商出口业务约50%的份额。中国邮政虽然拥有较好的覆盖全球的邮政网络,但在物流服务水平上与国际快递四大巨头之间还存在一定的差距,如运输时间长、丢包率高等问题。

2. 国际快递

当前，国际快递市场主要由 UPS、FedEx、DHL 三大巨头包揽。国际快递虽然具有较好的物流服务，但物流服务成本高。

3. 海外仓（边境仓）

卖家先将货物存储到海外仓库（靠近出口国的中国境内），然后根据订单情况进行货物的分拣、包装和规模化递送。

4. 跨境专线物流

主要指航空包舱的方式，货物通过这种方式运送到境外目的地（国）后，再通过专业的第三方物流公司实现至目的地（国）的配送。这种方式虽然具有较好的规模效应，降低了国际物流成本，但在国内的揽货市场有限，服务市场有待扩展。

5. 国内快递的国际化服务

顺丰、申通、圆通等在跨境物流方面布局较早，速度快，且费用低于三大国际快递巨头，但国内快递企业所覆盖的海外市场有限，没有专注开展跨境业务。

（二）跨境电子商务进口物流模式

近年来，一般外贸、传统海淘（海外、境外购物）和代购已经不能满足国内不断增长的海外消费需求。在此背景下，跨境电商进入发展爆发期，天猫国际、洋码头、京东全球购等一大批国内电商平台跨境业务纷纷上线。随着市场的发展和变化，货物运输方式呈现出两大主要模式，即保税备货进口模式和集货直邮进口模式。

1. 保税备货进口模式

保税备货进口模式是指商家根据国内的需求预测将境外商品备货至海关监管下的保税仓库，在此之后，消费者进行下单，电商企业根据海关及国检要求为每件订单办理通关手续，在保税仓内完成分拣和打包，经海关查验放行后，通过国内快递公司派送至消费者手中。

2. 集货直邮进口模式

集货直邮进口模式中，消费者下单之后，货物在国外完成分拣、打包，一般客户在国内电商平台完成下单，电商企业接收到订单信息以后，在海外仓库完成分拣、打包，并通过国际物流运送至海关监管场所，委托清关企业为每件产品办理通关手续，海关查验放行后由国内快递企业将货物配送至消费者手中。

二、保税物流

（一）保税物流的定义及功能

保税区是依据海关管理办法设定的特定区域，由海关监管，采取完善的设施与非保税区隔离。参照我国各保税区的管理办法，将保税区定义为一个对外开放的、综合性的、封闭式的、特定的经济区域。

保税物流特指在海关监管区内，从事运输、仓储、配送、流通加工、装卸搬运、物流信息等相关业务。其间，企业享受海关实行的"境内关外"制度和税收、外汇以及通关等方面的特殊政策。

保税区主要功能是通过保税物流、保税加工、保税贸易及其他特色服务贸易，吸引出口企业将更多价值链中的环节投放到该特殊区域，推动我国现代服务业、先进制造业不断发展。而我国的保税物流主要有以下几项功能：

1. 保税物流

港口、空港及公路集装箱物流服务功能；港口、空港及公路杂货物流服务功能；生产贸易存储、配送功能；生活与商业配套服务功能；港口、空港及公路集装箱中转装卸功能；港口、空港及公路保税物流服务功能；国际货代服务功能等。

2. 一般贸易

利用地缘优势，把各地的经济要素联系起来，增大进出口、转口贸易物流量、货值量和金融结算量，带动整个地区的经济开发，带动我国的对外贸易发展。

3. 出口加工

凭借保税区的优惠政策和措施，吸引世界各国的技术、人才、资源和设备进行投资，发展多种投资合作形式的综合性进出口商品加工业，优化产业结构，提高创新能力，加速产业结构的升级，提升工业的核心竞争力，带动经济发展。

4. 展示展览

利用保税区对国际展示展览的优惠政策，在已有的中国国际装备制造业博览会、国际农业博览会、东北亚进口商品展览会、中国世界文化与自然遗产博览会、东北高新技术博览会等国际会展及展示的基础上，充分利用各地区的优势，将国际性的展览、展示常态化、固定化。

5. 国际采购、分拨和配送

利用保税区的特殊优惠政策，吸引沃尔玛、宜家、家乐福等国际知名零售企业在保税区内建立采购中心，国际大宗进出口商品利用保税区作为物流分拨基地，面向国内市场开展分销活动。同时，利用综合保税区低成本的物流及相关服务设施，降低集配活动物流成本，将中国市场采购的商品通过港口运往世界各地，以此拉动地区经济的发展。

6. 国际中转

利用保税区特殊的区位优势和地理优势，为托运人、承运人和运输商提供货运交易和中转场所，实现商流、物流与信息流的有效结合，通过近海物流电子商务平台与货物交易市场的有效结合，实现远程交易与现场交易；将物流与商务有效结合，使综合保税区成为世界性的国际中转中心。

7. 配套业务服务

为工业贸易企业提供海港及空港国际、国内货物代理服务，为国际贸易和进出口货物提供保税存储、配送、联运口岸海关服务，实现物流和港口、空港无纸报关的一体化物流服务。我国保税物流的主要功能如表1.1所示。

表 1.1　我国保税物流的主要功能

名称	主要功能
保税物流	生产贸易存储配送功能
	生活与商业配套服务功能
	国际货物代理服务功能等
	港口、空港及公路保税物流服务功能
	港口、空港及公路集装箱中转装卸功能
	港口、空港及公路集装箱物流服务功能
	港口、空港及公路杂货物流服务功能

（二）物流服务能力

物流服务能力是指某特定的物流系统，在接受客户需求、处理订单、分拣货物、运输到交付给客户的过程中，在响应速度、物流成本、订单完成准时性和订单交付可靠性等方面的综合反映。物流能力是由物流系统的物质结构（如配送中心数量与规模、运输能力、分拣处理的设备能力等）所形成的客观能力，以及管理者对物流运作过程的组织与管理能力的综合反映。

物流服务能力既包括能够运送货物的能力（有形要素），也包括执行物流过程的组织和管理能力（无形要素）。后者对整个物流系统的物流服务能力影响很大，是体现物流服务能力独特性的关键。物流服务能力的构成要素如表 1.2 所示。

表 1.2　物流服务能力的构成要素

名称	内容
有形要素	物流设备、设施数量
	信息系统的能力
	物流设施的布局

续表

名称	内容
无形要素	物流操作人员的技术水平
	物流管理者的计划、组织、协调及控制能力

三、跨境电子商务国际物流服务的内容及特征

在参考和借鉴物流服务能力定义及构成要素的基础上，笔者认为国际物流企业（基于电商平台互相交易）以和顾客达成业务关系为开端，在整个过程中为顾客提供的采购原料、商品或加工地点、储存保管产成品及原材料、装卸搬运、包装服务、租船与订舱、货物配载、制作单证、报关报检、集疏港、运输、物流追踪，一直到货物送达至最终客户等所有的服务内容都是电商国际物流服务的基本内容，如表1.3所示。

表1.3 电子商务国际物流服务的基本内容

名称	咨询	装卸	运输	包装	保管	配送	增值服务
内容	流程设计、智能仓库设计、物流方案咨询	多式联运、从货架到货架	联合运输、不同方式单一运输	创造包装、运输包装、储存包装、再包装	在库保存、维场货运站	货物配送、信息配送	流通加工、附加值服务

上文分析了网络空间对跨境电商的特殊影响，并使其呈现出了许多新的特点，如全球性等。在跨境电商本身固有的特点与新特点的交互影响下，如表1.4所示，国际物流服务呈现出以下四个特征：

表 1.4　国际物流服务的特征

名称	内容
环境差异大	不同地区的经济发展水平和科技实力不同，国际物流服务拥有的技术支撑条件也有所不同；不同的国家所适用的关于国际物流的法律有很大不同，这些差异让国际物流服务更为复杂。
服务范围广	不同国家的要素添加在如此繁杂的国际物流系统中，将会触及更多的内部和外部因素，对时间要求会更长，广阔的地域和空间导致运作难度和不断风险上升。
标准化要求高	国际物流服务水平能否提升取决于国家间的物流标准是否统一。统一的物流设施标准，如托盘规格、集装箱规格的标准化等，将大幅减少物流费用，提高效率。反之，则会导致国际物流服务水平的降低和国际竞争力的减弱。
国际信息系统支持	国际信息系统的构建存在投资大、管理难等困难，世界上不同地区的国际物流信息水平参差不齐，不均衡的国际物流信息水平为国际信息系统的构建增加了难度。

第二章 跨境电子商务在中国的发展

第一节 中国跨境电子商务概述

一、中国跨境电子商务的含义

跨境电子商务简称跨境电商,是在互联网普及这一背景下信息通信技术与传统国际贸易相结合而产生的一种新型贸易模式。跨境电商可分为广义与狭义两个层面。

广义层面,跨境电商是指分属于不同关境的交易主体,将传统外贸的商品展示、报价、询盘、还盘、签订合同、支付货款等步骤借助互联网工具进行整合,并在线下履行合同的一种国际商业活动。跨境电商将电子商务技术应用于进出口贸易,将国际商务流程虚拟化、数字化、在线化,其中包括商品信息在线展示、线上磋商、贸易数据交换、网上资金划拨与货运追踪等。

狭义层面,跨境电商相当于网络跨境零售。网络跨境零售是指分属于不同关境的买卖双方,在跨境电子商务交易平台上达成交易,买家在线支付，卖家利用跨境物流进行配送。普通消费者通常所说的跨境电商大多指的是跨境网络零售，即消费者在线购买国外商品。

本章的研究对象为广义的跨境电商，跨境零售、跨境 B2B（Business-to-Business）以及通过跨境电商实现线上线下一体化的 O2O（Online To Office）交易都在其中。从本质上讲，跨境电子商务是以交易为核心，以互联网技术为手段，把原来线下的销售、购物"嫁接"到互联网上，即跨境电商将国外商品展架放置在国内虚拟的在线商城，实现跨境购物。跨境电子商务模式发展空间广阔，既是一种新型交易模式，也激发了新型贸易业态与新兴产业。下文将从三个方面对跨境电子商务展开进一步分析。

（一）跨境电子商务交易层面

传统国际贸易交易流程复杂、交易成本高、对交易双方的资质要求高。为了弥补交易成本，实现盈利目标，多数交易标的物均为大批量商品，跨国公司是主要参与者。跨境电商降低了交易成本，普通消费者借助跨境电商平台即可实现在线跨境购物，小批量、个性化、频度高的交易订单也可以履行。国际贸易的交易主体扩充至一般中小微企业与普通消费者。与传统国际贸易相比，跨境电商优越性突出，跨越空间阻碍、商品信息跨境传递更便捷、受贸易保护主义的影响较小，交易链条缩短、交易成本显著降低，商品价格进一步降低、商家利润提高。传统外贸与跨境电商交易环节对比情况如图 2-1 所示。

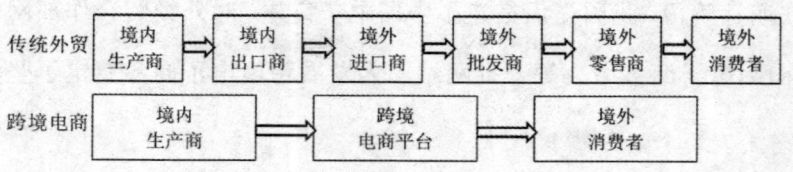

图 2-1 跨境电商与传统外贸交易环节对比

（二）跨境电子商务的贸易层面

跨境电商的兴起为我国对外贸易增长带来了新机遇，也对跨境支付、物流、商检、通关、征税等提出了新要求，并为现行的对外贸易体系、监督管理流程带来了巨大的挑战。为了适应跨境电商的发展要求，我国需要及时更新贸易体系框架，构建配套服务设施协调发展。

（三）跨境电子商务的产业层面

跨境电子商务的迅猛发展带动了我国中小企业的创新，推动了大众创业，为"中国制造"在海外市场打造品牌形象创造了便利条件。跨境电子商务的发展不仅能够带动制造业升级，还能够助推新兴行业的涌现，如跨境物流、跨境支付、外贸流程一体化服务等。

二、我国跨境电子商务的发展历程

（一）跨境电子商务的萌芽期

从1989年开始建设互联网，至1993年国务院提出"金关工程"计划，该工程旨在建设现代化外贸数字信息网，将商务、运输、金融、海关、商检、外汇管理和税务等多部门通过计算机进行互联互通，以电子数据的交换方式进行无纸化贸易，进而实现国家进出口贸易业务的电子化。在萌芽阶段，我国先后搭建了中国电子口岸、对外经贸合作部网站、中国国际电子商务中心等一批网站，为发展跨境电子商务奠定了坚实的基础。

（二）跨境电子商务 1.0——信息发布窗口

1994 年，我国正式接入国际互联网，1997 年，我国互联网络信息中心也正式组建。在此时期，网络黄页逐渐代替传统纸质黄页，跨境电商 B2B 信息平台崭露头角。20 世纪初，企业开始逐渐在互联网上搭建企业门户，这既能帮助企业建立网站，又具有网络营销和业务推广功能，从而有效降低了中小企业运营成本，为中小外贸企业面向全球市场提供了与大企业公平竞争的机会。在此背景下，网络黄页迅速发展起来。早期的外贸网站，如阿里巴巴、中国制造网、全球市场、慧聪网等，基本上采用网上黄页的模式，提供的功能通常有竞价排名、广告营销、增值服务以及线下服务等。该模式主要依靠收取信息费、广告费和推广费盈利。在这一阶段，平台服务商大多为中小型外贸企业提供对外营销的窗口，还不具备在线交易的功能。

（三）跨境电子商务 2.0——在线交易

自 2007 年以来，各类电子商务平台开始与物流公司、银行等部门开展战略合作，跨境电商 B2B 平台稳定成长，跨境电商 B2C 出口平台逐渐起步并进入高速发展时期。跨境电商盈利转为依靠佣金、提供互联网金融服务等项目。在这一阶段，外贸企业一般通过两种途径达成交易：一是平台入驻模式，在第三方平台上建立网上店铺，借助平台进行跨境交易，具有代表性的跨境平台是"敦煌网"；二是自营电商模式，以"兰亭集势"为代表，通过自建网站，构建自主品牌，逐步进行网络推广，利润来源于进销利差。

（四）跨境电子商务 3.0——综合服务平台模式

自 2010 年起，各跨境电商平台不断加大力度扩展产业链条，形成了一站式外贸服务链。以一体化服务平台"跨境通"为例，其为客户提供包括融资、运输、保险、仓储、外贸单证制作、报关、商检、口岸通关、核销、退税等一体化全方位的外贸服务。近年来，我国海淘规模不断扩大，为了满足国内消费者的消费升级需求，规范行业发展，我国政府出台了跨境电商零售进口业务的有关政策，促进了这一模式的迅猛发展，一大批跨境电商零售进口平台如雨后春笋般涌现出来。外贸综合服务业的出现，有效节约了中小型外贸企业的经营成本，为优化我国外贸进出口提供了有力支撑。

三、跨境电子商务的分类

依据不同标准从不同的角度分析跨境电子商务，可以将跨境电子商务按照以下两个标准进行分类。其一，按商品流向分类；其二，按照商业模式进行分类。按照商业模式将营利性电子商务大致分为 B2B、B2C、C2C、O2O 等，本文将依次进行介绍。

B2B（Business To Business）模式是指进出口企业通过第三方跨境电子商务平台进行商品信息发布并撮合交易的服务模式，其中买卖双方都是企业用户，买方不是最终消费者。跨境电商 B2B 平台主要分为信息服务类与交易服务类。目前，B2B 模式是我国规模最大、中小企业参与度最高的跨境电子商务模式。B2B 模式的代表企业是敦煌网、易唐网以及中国制造网等。

B2C（Business To Consumer）模式是指进出口企业与海外最终消费者利用第三方跨境电商平台完成在线交易的服务模式。消费者网上选购、网上支付，企业通过线下物流将货物交付最终消费者。国内典型的 B2C 进口平台有天猫国际、京东全球购等，B2C 出口平台以兰亭集势为典型。

C2C（Consumer To Consumer）模式是指买卖双方均为非企业客户，分处不同关境的买家与卖家通过在线交易平台自愿达成交易的服务模式。这一模式充分满足了消费者个性化的需求，其中具有代表性的平台有洋码头与街密等。

O2O（Online To Offline）模式是指卖方提供线下与线上相结合的服务模式。以国内零售企业苏宁为例，既有苏宁易购网上商城，也有线下实体门店，用户既可以享受线上购物的便利，也可以享受线下购物的乐趣。跨境电子商务 O2O 模式中具有代表性的是大龙网。

第二节 中国跨境电子商务的发展现状

一、中国跨境电子商务平台

跨境电子商务平台是中小企业开展跨境交易实现"卖全球"的主要阵地，境外用户足不出户便可以访问跨境电子商务平台，浏览海外商品信息，参与海外节日促销，实现"买全球"。

跨境电子商务平台系统主要包含三个部分，即前台展示、后台管理和开放接口。前台展示系统是客户与平台最直接的交互，通常包含产品目录、产品展示、沟通客服等模块。后台管理系统包含会员管理、品类管理、交易数据管理、促销优惠管理等多个模块。API（应用程序接口）开放接口平台根据具体要求为外部系统，如物流系统、财税系统、银行系统等各种业务对接做好准备。跨境电子商务平台服务模式根据进出口两个方向进行整理，具体可以做如下划分，如表2.1和表2.2所示：

表2.1　进口电子商务主要服务模式

经营模式	主要代表	简介	优势	劣势
开放平台模式	天猫国际	引入第三方商家	轻资产模式，SKU丰富	收入靠佣金，品质把控能力弱
直营+平台模式	京东全球购	一部分自营一部分商家入驻	供应链管理能力强，与品牌建立稳定关系，品质管控能力强	重资产模式，要求供应链管理能力强
网购模式	唯品国际、聚美优品	凭借运营特卖经验及用户黏性，采取低价抢购策略	产品更新快、客户重复购买度高	门槛低、竞争激烈
线上线下一体化O2O	苏宁优盒网	依托线下资源优势，同时布局线上平台形成O2O闭环	线上线下协同效应	线上引流能力弱，客户黏性低
买手制+海外商户入驻模式	洋码头	引入海外买手，提供商品服务，依托自身官方国家物流承运	买手群体庞大，满足个性化需求	售后服务有待提高
垂直直营	蜜芽宝贝	品类专项化程度高、深耕某一特定领域	供应链模式多样，单一品类细分程度高	客户群体有限

续表

经营模式	主要代表	简介	优势	劣势
导购返利模式	55海淘	编辑海外电商信息进行引流。将订单汇总给海外电商	技术门槛低，迅速了解消费者需求	竞争激烈，难成规模

根据分析可知，各电商经营模式并非泾渭分明，只能大体将具体平台的主要模式归结于某一特定类型，各跨境电商平台都在顺应时代潮流各取所长并相互借鉴，垂直类电商也可能转型扩张品类，自营类电商也可能开放平台，B类客户与C类客户也偶有交叉。如大龙网在运营B2C模式4年后，转型为B2B+O2O运营模式。

表2.2 跨境电子商务出口平台主要服务模式

商业模式	B2B		B2C	
平台分类	信息服务平台	交易服务平台	开放平台	自营平台
平台服务模式	平台提供信息发布、信息检索、撮合交易的若干服务	平台为买卖双方提供网上交易和在线电子支付等服务	开放平台供卖家店铺入驻，开放商品发布、在线交流、物流、买卖双方互评、仓储、影响推广等环节和流程的业务，以平台为核心构建生态圈	平台自主制造或采购，自主定价，并负责配送与售后
主要代表	环球资源网、中国制造网	敦煌网、大老网、阿里巴巴国家站	eBay、亚马逊、速卖通	兰亭集势

二、中国跨境电子商务物流的发展现状

跨境电子商务的崛起为跨境物流的发展奠定了基础。B2B模式下的

跨境物流标的物通常批量大、要求物流体系运作成熟、费用低廉，因此，大多依托传统的外贸物流运作方式。相反，B2C跨境电商物流的特点是频次高、碎片化和个性化。我国进口B2C跨境物流主要有直邮模式、保税模式和集货模式。保税模式是指首先进行国外批量采购、仓储，通过国际空运、海运等方式运输入境，再通过保税报关，将货物集中储存在保税区，待用户下单后、订单分拣，进行包装、贴标，保税清关后，通过国内物流进行配送。直邮模式是指用户先行下单，在境外将商品进行订单分拣，包装后，通过国际商业快递或者邮政系统运至国内，再通过清关后进行国内配送。集货模式是指先由用户下单后，再进行国外采购，卖家集中发货至集货区，统一跨境转运，进入国内，再经由海关清关后，进行国内配送。三种物流模式的对比情况如表2.3所示。

表2.3 跨境电子商务B2C进口物流模式对比

物流模式	直邮模式	集货模式	保税模式
流程	先订单，后物流	先订单、后物流	先物流、后订单
优点	简单、方便	进行库存管理、高效清关	运输成本低、下单后送达时间短
缺点	时间长、价格贵	部分口岸不支持B2C直邮	保税区审批、品类限制
核心竞争力	海外仓库外置、仓储效率与清关能力	整合物流、订单、通关信息，有成熟的操作体系和员工	适宜的保税仓库、海关、商检、快速清关能力
适用对象	小型卖家或平台临时补货	不同销量的卖家	母婴、食品、日用品等日销量较大商品，SKU量大、具备大数据分析的大型电商
代表	京东全球购	洋码头	聚美优品

我国跨境电商B2C出口业务中常用的物流具体运作方式，可归纳为以下五种，如表2.4所示。

表 2.4 跨境电子商务 B2C 出口物流运作形式

物流运作	简介	优势	劣势
邮政小包	中国邮政大约占跨境电商出口物流企业的 50%	邮政网络基本覆盖全球、价格便宜	速度慢
国际快递	UPS 总部美国、Fedex 总部美国、DHL 总部德国、TNT 总部荷兰	时效高、服务好、丢损少、欧美国家覆盖全	自资费昂贵,易波动
专线物流	美国专线、澳洲专线、俄罗斯专线等	集中大批量发货、通过规模效应降低成本	在国内的揽收范围有限,覆盖不足
海外仓	在销售目标地提供仓储、分拣、包装、派送等服务	物流成本低、发货周期短、可提供退换货方案	不适用于所有产品,对卖家供应链管理提出更高的要求
国内快递的国际服务	EMS、顺丰等国内快递企业开始海外布局,本土跨境物流服务商迅速成长	费用低于国际快递巨头、出关能力强	规模有限,海外市场覆盖范围小

除以上物流运作方式,大型跨境电商企业也在积极提供物流解决方案,如亚马逊代发货服务、阿里巴巴收购一达通以及联合菜鸟网络提供跨境物流服务。

三、中国跨境电子商务支付的发展现状

跨境支付作为跨境电子商务资金流动的主要形式,承担着保障交易资金安全、保护买卖双方合法权益的责任。跨境支付可以分为收、支两条线,收款线是指国内卖家通过跨境支付机构回笼销售商品或服务货款的收结汇业务;支出线是指国内买家通过跨境支付机构支付购买境外商品或服务货款的购付汇业务,跨境支付方式主要分为线上与线下。在线支付包括各种第三方电子账户支付、国际信用卡、银行转账等多种方式，在线支付受额度限制，适用于小额跨境电子商务零售。另一种是线下支付，如电汇、信用证等，大多适用于大额跨境电子商务交易。在进口跨境电商业务中，境内买家下单并通过第三方支付机构支付货款后，由我国第三方支付机构代客户申请将人民币兑换为外币向境外商户支付。在出口跨境电商业务中，中国第三方支付机构主要负责将外汇结算成人民币付给境内的商户。

在跨境电商进口业务中，我国第三方支付机构能够积极地发挥主动性，支持用户使用人民币进行跨境购物结算，在一定程度上推进了人民币国际化发展。在跨境电商出口业务中，由于我国缺乏覆盖面广、影响力强的第三方支付机构，外贸商户经常使用 Paypal、Payoneer、Webmoney 等跨境支付平台进行收款，存在佣金居高不下、资金周转慢、交易纠纷难以解决等问题。

我国跨境支付实体主要有两类，一类是以电商平台为依托的自有支付品牌，如支付宝；另一类是独立的第三方支付机构，如快钱。无论是何种类型的跨境支付企业，都要以支付圈覆盖达到一定程度为基础。跨境支付的竞争舞台不止在国内，我国跨境支付企业应积极参与国际竞争，努力为国内外客户提供更有保障的服务。

第三节 中国跨境电子商务发展的宏观环境与问题

一、中国跨境电子商务发展的宏观环境

(一) 经济环境

近年来,我国城乡居民可支配收入稳定增长,消费成为经济增长第一动力,为跨境电子务发展奠定了坚实基础。阿里大数据分析显示,中国消费者偏爱的品类主要是母婴、个护美妆和营养保健,跨境电商进口零售商已经成为购买这类商品的重要渠道。这一现状也从侧面反映出消费者对我国相应行业信心不足。从城市消费力来看,中国一线城市人均消费最高,二线城市紧随其后。相对不发达城市的居民也已开始尝试购买跨境商品。

B2C跨境出口的增长得益于全球网络零售的持续发展,全球主要国家的网络零售额增长较快,占社会零售总额的比重不断提升,为跨境电商零售开展奠定了用户基础。

通过跨境电商实践也可以看出,大型进口跨境电商零售平台,如天猫国际、京东全球购、亚马逊海外购等,大多根据消费者喜爱的商品来源地进行分类,开设了日韩、欧美等热门国家或地区卖场。出口跨境电商平台如敦煌网、大龙网、速卖通等业务布局也会从欧美俄等电子商务发展较快的国家开始。

（二）政策环境

各级政府从政策层面对各区域跨境电子商务进行顶层设计，明确发展目标，并积极推动其规范化发展。目前，跨境电子商务的相关政策频繁出台，各地政府不断地探索跨境电子商务的发展路径，因地制宜，提出一系列发展策略，相互借鉴发展经验，不断增强各界对跨境电子商务发展的信心。

（三）信息通信环境

国家的信息化发展水平在一定程度上影响着该国的经济活力，与经济发展存在较高的相关性，信息通信已经成为现代经济社会发展的重要基础设施。目前，我国互联网普及率70.4%，网民规模已经接近10亿，手机上网使用率超过90%。随着三大运营商（移动、电信、联通）的通信技术升级，网速显著提升，上网流量费用逐步降低，并通过推出流量不清零、流量共享等政策，进一步优化移动购物环境。我国网络应用显现出如下四个特点：其一，网民基数大，网络普及率稳健攀升；其二，以智能手机为上网设备的入网方式占据主导地位；其三，互联网城乡发展差距依然较大；其四，网络应用不断创新，推动线上线下一体化。信息通信环境的优化推动了我国跨境电商的发展，网络应用的特点也为跨境电商的商业部署指引了方向。

二、中国跨境电子商务发展的问题

（一）跨境物流问题

跨境电商物流是跨境电子商务交易的关键环节，也是交易纠纷的高发环节，容易影响消费者的购物体验。目前存在的主要问题是，单件商品运费高、物流配送时间长、包裹无法全程跟踪、不支持退换货、对清关障碍、损坏或丢失包裹率难以控制等。消费者以及跨境电商企业急切希望提高跨境物流运作效率、透明度并建立问责制。应对跨境电商的物流难题，一方面，跨境电商平台企业应该积极发挥作用，创新物流运作方式，可以借鉴国内成熟的物流运作模式；另一方面，政府应该对跨境电商物流发展给予政策支持。国内快递企业应不断扩展国际化服务，提高跨境物流的运作效率。此外，可通过海外仓，来缓解物流配送时间长的问题，还可以根据实际需求将"边境仓"建在我国境内，如可以在珲春建立对韩贸易仓储。

（二）跨境支付问题

随着跨境电商的快速发展，跨境支付的需求更加强烈。但是，在跨境支付中经常遇到一些问题，其中最重要的是支付平台的选择。在选择支付平台时，主要从支付佣金、资金周转效率、支付安全三个角度来考虑。目前，中国跨境电商海外销售时大多通过 PayPal、cdPay、WorldFirst、Payoneer 等进行结算。对一般的跨境零售来说，其利润率大概在 5%~10%，但仅仅支付佣金可能就会达到 3%，支付成本非常高。此外，国内外支付体系存在差异，资金在这两个体系流转时需要时间，由于跨境支付平台的放款政策差异，资金周转率也会降低。

我国卖家对欧美知识产权规则和法律体系认知不足，中小型外贸企业通过海外电商平台进行交易，并由海外第三方支付企业承担支付中介担保时，产品在海外出现知识产权纠纷，国外第三方支付企业通常会首先冻结中国商户的交易账户。由于地理位置相隔远，处理纠纷成本高昂且对国外法律认知不清，大多数中国商家会选择放弃积极应诉，不得不承担由此带来的经济损失。为了规避支付风险，企业要慎重选择跨境支付平台，深入研究支付平台的规定和政策，在发生意外情况时，第一时间充分利用平台规定维护自身的合法权益。为了切实解决跨境支付遇到的难题，我国本土跨境支付平台逐渐开始参与国际市场竞争,如支付宝、PingPong金融、易通汇等。越来越多的中国企业加入跨境支付平台的竞争，不仅可以维护本国中小企业的利益，还将降低佣金费率，全面提升本土跨境收款平台覆盖率，有效缓解跨境支付难这一问题。

（三）纠纷处理与解决

跨境电子商务交易中难免出现买卖双方的交易纠纷，传统的外贸纠纷解决机制，如诉讼、仲裁、协商等方式对大额B2B跨境电子商务交易仍有借鉴意义，但从其成本收益的角度看，传统的外贸纠纷解决方式已不再适合小额B2C跨境电子商务。

交易纠纷处理情况下客户的满意度制约着跨境电商的品牌形象，决定着客户的复购率。跨境电商平台连接着买卖双方，理应成为解决交易纠纷的主要力量。以敦煌网与全球速卖通为例，二者均在官方网站上设置了纠纷解决专栏，公布纠纷分类定性标准、买卖双发责任的划分、纠纷处罚规则等平台纠纷处理政策。此外，还提供事前规避与事后化解纠纷的指导。平台对纠纷处理的原则是先由买卖双方自主协商，协商无果后再提交给平台处理，这样既可以减少平台处理纠纷的工作压力又能充分调动卖方维系客户的自主性。

在跨境电子商务交易纠纷中，不仅需要政府完善相关法律法规，让纠纷处理有法可依，而且需要跨境电商平台主动承担责任，兼顾买卖双方的权益，健全平台交易规则与纠纷处理办法，让纠纷处理有例可循。交易平台应尽量做到在交易前核实买卖双方的合法身份，交易中追踪交易过程，交易后完善互评制度。一方面，跨境电商行业应加强信用管理建设，减少纠纷发生的概率；另一方面，应不断完善跨境电商平台企业的纠纷解决机制，保障纠纷解决的有效性。

（四）区域发展不均衡

跨境电商在全国范围内呈现不均衡发展的态势，跨境电商试验区的发展明显优于其他地区。以"跨境网商密度"，即平均每万人中的跨境网商数量为指标，阿里研究院编制了"中国跨境电商创业二十五佳县（市）"排行榜。从地理分布上看，跨境电商的活跃县（市）主要来自浙江与江苏，与沿海地区相比，其他地区的发展相对落后。"中国跨境电商创业二十五佳县（市）"的分析中得出跨境电商活跃的关键因素主要有以下四点：第一，富有竞争力的产业集群；第二，丰富的人力资源，传统外贸人员熟悉跨境贸易业务，有一定业务能力储备；第三，完备的跨境电商服务体系，完善的物流、通关、结汇等配套设施；第四，优越地理位置，但这一竞争优势正随着跨境电商物流的蓬勃发展逐渐减弱，地理位置因素导致的商业机会多少的差距正在缩小。目前，正是跨境电商快速发展的时期，其他区域应该顺流而上，大力发展跨境电商产业，缩小区域间的发展差距，为当地经济增添活力。

（五）海关监督、征税问题

跨境电子商务的快速发展，对我国海关监督和征税提出了新的要求。在跨境电子商务蓬勃发展的背景下，海关面临的难题主要有以下三点：

其一，课税对象和交易行为的认定模糊。

海关税收目标主要为允许进出口的货物及物品。电子交易中除商品外还包含服务、著作与报刊的数字化产品等，收入类别难以界定。在跨境电商零售过程中，收件人为消费者个人，模糊了货物与物品的概念，使税法选择困难，行邮税与货物进出口不同，也使企业的交易成本不同，可能会引起不公平竞争。现行监管体系正在加强跨境电子商务平台与海关的联网建设，但仍对部分游离在外的私人海外代购交易行为难以进行有效监管，不过随着跨境电商平台的规范发展，私人代购交易将因无法保证正品，缺乏售后服务等弊端逐渐减少。

其二，完税价格难以确定。

大多数商品的征税基础是完税价格，在跨境电子商务交易过程中，缺少纸质交易合同等交易单据，往往需要凭借电子交易记录进行完税价格认定。一方面，电子信息的可靠性和真实性有待提高；另一方面，一旦系统崩溃或遭受病毒入侵，将使海关缺乏征管凭证，无法确定完税价格，增大海关征税难度。

其三，个人代购行为监管困难。

通信软件越来越发达，人与人之间的信息交流日益频繁。利用微信、微博等进行代购的现象也越来越多，一般通过朋友推荐，或圈子文化、小组话题等形式进行。由于个人代购处于"监管真空"状态，商品常常以次充好、鱼目混珠。

（六）政策、法规问题

互联网普及和全球跨境电商平台的迅速发展，对相关法律法规的制定提出了新的监管要求。我国对跨境电子商务持积极肯定的态度，近年来，多处政府部门相继出台若干法律法规，包括赋予跨境进口合法身份、明确监管思路、拓展试点城市、给予税收优惠、提高海关效率等，对规范跨境电商行业发展起到了积极的作用。但是，现行政策仍存在很多不足之处，政令出自不同部门，缺乏政策发布与执行的协商与联动；政策口径不一，不确定性较大，有些传统法律在执行力上有所欠缺，法律相对滞后。各政策制定机构应该加强协作，整齐划一，增强法律、政策的一致性；此外，在政策实施阶段，要不断强化政策落地，要求相关企业认真学习法规、政策。企业在加强行业监管时，也要注重落实顶层设计，适当发挥指导作用。

跨境电商是受政策性因素影响较大的行业，部分跨境电商的兴起就是依靠了政策红利。有时，突发的政策变动可能会使一批实力弱、体量小、无法满足"一般贸易"要求的跨境电商濒临倒闭。每项新政的实施都是一次行业洗牌，在规范行业运作的同时，将资质不足、效率低下的跨境电商清理出局，留下一批实力强、运作规范、营收好的跨境电商企业。各跨境电商企业应提前预防政策风险，避免因政策变动而陷入困境。

（七）人才匹配问题

跨境电子商务是新型商业模式，且具有复杂性、综合性、差异性，对从业人员能力要求较高，跨境电商发展过快而人才市场供给滞后，因此，跨境电商人才相对缺乏。对跨境电商平台从业人员来说，要具有多方面的素质，特别是外语能力、网络信息技术知识和跨国文化、法律知识背景以及物流运作与金融外汇知识等。对参与跨境电商的生产企业或贸易企业而言，可以借助大型跨境电商平台开展交易，员工学历要求普遍是大专生和普通本科生，更倾向于选择营销专业以及商务管理岗位的专业人才。随着跨境电商的发展壮大，企业迫切需要高素质的综合性人才，从战略角度洞察跨境电商行业，预测跨境电商的发展趋势，适应政策变动与国内外商业环境的变化，带领团队引领国际跨境电商发展潮流。

中国电子商务研究中心发布的《中国跨境电商人才研究报告》显示，跨境电商人才缺口问题较为严重，很多企业认为招到的人不能按要求完成工作任务，存在学校教育与企业需求不匹配的情况。学校与企业的人才培养可以从以下三个方面入手：

第一，专业人才，定向强化。根据专业职能，企业对员工进行定向强化培养，如加强商务人员的外语能力、营销能力；强化技术人员的计算机专业知识；加强综合管理人才多方面知识体系的培养，既包含营销、物流，又要在实践中培养跨境金融业务能力。

第二，高级人才，合伙共赢。对于综合型高级人才，对企业可以考虑采取合伙制代替雇佣制，充分激发员工的工作热情，凝聚核心人才。

第三，校企合作，"干中学"。企业的实践往往领先于学校的教学，要想培养出满足企业要求的学生,跨境电商企业应与当地高校合作。一方面,不断提高整体从业人员的受教育水平;另一方面,可以为学生提供实践基地,让学生兼备理论知识与实践应用能力。

跨境电子商务创新创业人才的培养需要企业、学校与政府通力合作,人才是促进行业发展的根本,聚集人才是逐步解决行业痛点、壮大行业发展的根基。

第四节 中国跨境电子商务面临的风险与防范措施

一、跨境电子商务面临的风险

(一)信用风险

良好的社会信用状况是社会稳定和经济发展的重要基础。由于交易的虚拟性和跨地域性,跨境电商需重点防范信用风险。买卖双方引发的信用风险如下:

1. 买方引起的风险

(1)买方信用道德缺失或欺诈

在正常跨境电子商务交易过程中,大多数买方会根据实际需求订购商品并支付货款。但是,有些企业买方利用虚假企业名称、虚假账户、虚假营业执照、骗取经营者订单;有些个人恶意买家,以恶意差评为手段进行威胁、欺诈,严重侵害正常经营者的经济利益。

(2) 买方丧失履约能力

跨境电子商务合同成立后,买方遭遇特殊情况,丧失履约能力,无力按时付款、收货等,会给卖方带来损失。

(3) 买方对卖方忠诚度与信任感不足

买卖双方在虚拟环境中展开交易,买方与卖方素未谋面,买方无法触及现实商品,易产生不信任感。在电子商务环境中,买方搜索商品的成本大大降低,忠诚度下降,取消订单、轻易更换卖方的现象更常见,影响了跨境电商的交易情况。

2. 卖方引起的风险

(1) 信息泄露风险

交易信息与客户私人信息在电子系统中一目了然。许多客户的资料与信息可能会因卖方疏于管理而泄露,为此给客户带来很多麻烦,诸如广告、宣传等电话和短信的骚扰。更有甚者,非法使用客户信息,使客户置身于网络风险中。

(2) 卖方信用不良或欺诈

卖方信用不良或欺诈,包括制订不利于买方的合同、发布的商品信息与实际不符、拒绝提供售后服务等。更有恶意卖方利用虚假公司发布虚假商业信息、虚假商品,在客户支付货款后便消失。

(3) 卖方丧失履约能力

跨境电子商务合同成立后,经营者履约能力不足或者完全丧失履约能力,无法按规定发货或提供服务,给买方带来损失。

（4）卖方对买方信任度不足

有些传统商家对虚拟交易的信任度不足,无法及时转变经营观念,不愿主动拓展跨境在线交易业务,因此错失拓展业务的机会。

跨境电商线上交易闭环为大数据工具的应用奠定了坚实的基础,通过构建大数据信用系统,可以实现信用风险防范。以基本信息、沉淀数据与实时数据等为依据,可以评估交易对手的信誉、履约能力、经营习惯等,并以此降低风险。

（二）法律风险

跨境电商法律风险主要源于立法的滞后性与各国法律制度的差异性。在法律不健全的条件下,企业只能做到不违背现行法律,但无法有效预料未来的法律风险。另外,企业在跨境电子商务交易中也要顾及他国法律,以免发生冲突。这就在一定程度上增加了企业在生产经营中的不确定性。跨境电子商务法律风险包含但不限于以下五个方面：

其一,个人隐私风险。

首先,跨境电子商务交易中,经营者通常会获取多项个人信息,但并未清晰解释信息的使用目的、处理办法和保护措施,常常由于经营者的疏忽导致个人信息的泄露。其次,对个人领域的侵入。有些不法经营者在达成交易的过程中,常常要求消费者提供过多个人信息,并整理成消费者信息数据库,向其他企业出售,严重干涉了消费者的个人生活。

其二,知识产权风险。

跨境电子商务时代,知识产权的地域性、专有性与跨境电商的跨域性、共享性形成了强烈的冲突。跨境交易中既包含有形商品也包含无形服务，同时，跨境交易的复杂性更增加了海关对知识产权确认的难度。电子商务环境下，除了传统纸质图书的出售，还有大量电子文档的交易，电子文档便于拷贝复制，在无形中侵犯了原作者的著作权。产品外观、配置、商标等公开展示在网络平台，为不良商家的伪造与仿造带来了便利，缺乏有效的知识产权保护措施，为专利与商标拥有者带来了巨大的风险。

其三，消费者权益保护意识风险。

跨境电子商务场景下，消费者的商品自主选择权得到加强，但消费者的退换货、退款售后服务权利受到削弱，很多商家因跨境交易的售后服务成本过高而推诿责任，使消费者无处申诉。加强消费者权益保护，不仅要依靠政府颁布明确的法律，还取决于消费者维权意识的提升。

其四，电子凭证法律效力风险。

跨境电商交易缺乏清晰的纸质交易凭证，仅能提供第三方平台的电子交易数据和电子税单等电子凭证。电子合同效力、电子签名、电子交易数据等作为法律证据的合法性地位难以保证。电子交易法律的不确定性对跨境电商参与者权益保障存在风险。

其五，司法管辖风险。

跨境电子商务交易频次高、规模小、地域广，当发生贸易纠纷时，不仅无法有效确认司法管辖地，即使确定了司法管辖地，当事人也可能会承担比诉讼标的物价值高出数十倍的诉讼费用，这让很多消费者望而生畏。此外，协商、谈判、斡旋、调解等替代性争议解决办法也难以奏效。面对跨境电子商务的司法管辖风险，应更多地依靠双边或多边对外贸易协定对此作出的相应规定来解决。此外，应辅以在线纠纷调解机制，解决周期长、成本高、流程烦琐等问题。

（三）市场风险

市场风险是指，跨境电商在开展业务过程中由于汇率波动、商品价格涨跌以及商业竞争环境改变等一系列市场因素变化可能引起企业经济利益损失的风险。跨境交易必然伴随跨境金融交易，网上跨境资金转移，一方面面临着网络系统不稳定带来的支付失败风险，另一方面由于支付方式约定不同而带来汇率风险。由于跨境电商企业的固定资产多为电脑、复印机、路由器等电子设备，折旧快、淘汰率高。跨境电商的无形资产占比多，行业竞争激烈，企业可能面临投资失败的风险。

一方面，跨境电商行业竞争激烈，巨头倾轧，小型企业经营压力增大；另一方面，新政策的颁布往往使部分企业难以应对，以往凭借政策漏洞、监管空白来获取利润的商家将难以为继。参与跨境电商的企业在制订竞争策略时，要认真分析消费者和市场的真实行情，避免盲从。

跨境电子商务企业应保持足够的市场敏感性，捕捉行业舆情，实力雄厚的电商已经纷纷成立研究中心，如阿里研究院、京东研究院等。中小微跨境电商也应该通过公开网站，如雨果网、亿邦动力网、中国电子商务研究中心等各类网站积极获取行业资讯，尽力规避市场风险。

（四）技术风险

网络信息技术是影响跨境电商交易的重要因素。目前，电子商务面临的技术风险主要源于网络环境、技术选择、数据存储、网上支付等。

跨境电子交易在网络环境下进行，容易遭受系统入侵、程序破坏、病毒入侵、网上诈骗等网络破坏。信息技术更新快，技术保有周期短，使企业面临技术选择困难，未更新的硬件和软件设备更易遭受非法分子的入侵。此外，信息存储技术以及其风险隔离机制也面临挑战。实际中，85%的网络系统攻击是来自企业内部黑客，主要是金融诈骗和盗取文件数据。网上支付作为跨境交易的敏感节点，可靠的支付系统结构以及规范的网上支付安全认证系统是其必不可少的保障。

（五）企业管理风险

跨境电商平台企业管理风险主要来自交易流程设计、交易技术监管和人力资源管理。跨境电子商务操作系统涉及资金流、物流、信息流、商流的交互，业务流程联通不畅或某环节出现技术问题，都会为整个交易造成巨大的损失。人才激励政策落实不到位容易导致人员流动频繁，人力成本上升。企业应完善人力资源管理体制，提高工作人员的职业道德修养，重视高素质人才的培养，减少人才流失。企业应完善内部风险隔离机制，筹建风险控制部，敏感数据要设置用户口令，分岗位设置访问权限。

传统企业开展跨境电子商务业务，不仅是指其通过网络平台进行在线采购或销售，而且涉及企业的转型，即原有的业务架构与经营理念的改变。为了缩短业务流程、节约运营成本、提升利润，企业需加强资金流、信息流、物流的协调能力，使工作重心转向以客户为中心。传统企业改革的关键在于形成一条针对电子商务的企业内部业务流程通道。在重构业务流程与改革运行机制的过程中，难免会遭到来自利益受损的个人与部门的抵制，从而加大新业务的管理难度。

二、风险防范措施

为了保障跨境电商健康发展，多层次、全方位的风险防范措施是必不可少的。其中主要包括但不限于完善跨境电商信用体制、防范法律风险、健全企业监管以及完善售后服务等。

（一）完善信用体制

全球中小型企业依托跨境电商平台实现了"卖全球"的商业愿景，但信用问题却成为挡在中小型企业外贸之路上的一道鸿沟。缺乏可靠的征信平台，使中小型企业在国际贸易中缺乏安全感，部分中小型企业因为惧怕商业欺诈而放弃商业机会。健全的信用体系将为买卖双方创造更多交易机会，降低违约成本，减少商业纠纷的发生。

跨境电商诚信体系的建设可以从两个方面采取措施：一是建立公共征信服务系统；二是跨境电商平台提供信用认证服务。我国公共征信服务系统不仅应承担起交易主体信用识别的责任，也应该加强与外部平台的互联互通，为跨境电商的发展提供综合服务。政府应积极支持跨境电商建设信用服务体系，开放政府数据资源，提供政策、资金方面的扶持，并加强国际交流与合作，推动全球中小企业信用体系的建设。对跨境电商平台而言，可以借鉴国内成功的电商发展经验，积极构建平台内部的信用认证体系。利用买卖双方互评、商品质量抽查检验以及商家交易数据分析等方法，将平台内部的商家进行信用评定。采取平台内通报批评、关闭网上店铺、上报相关部门等措施处理不诚信的商家。跨境电商平台应净化交易圈，为商家打造公平竞争的环境，提供优质用户体验。

（二）法律风险防范

跨境电商法律风险防范的主要参与者除跨境电商企业外，还有国际性经济贸易组织，如联合国经济贸易委员会、OECD（经济合作与发展组织）、欧盟等，以及开展跨境电商的各个国家与地区。相对而言，联合国国际贸易法委员会的相关规定为全球范围内的跨境电商法律建设提供了借鉴，具体见表 2.5。

我国在完善跨境电商法律规范时，可以通过修改已有的基本法和新颁布专门法律这两个途径进行综合考量。其一，对现行"消费者权益保护法""对外贸易法"等法规增加有关跨境电子商务的法律细则。其二，除了修改基本法还可以制定专门的法律，对电子商务以及跨境电子商务作出规范性的指导。在法律风险的防范方面，我国应当借鉴国际组织和发达国家跨境电子商务相关的法律法规，如 OECD 颁布的《全球电子商务行动计划》等，并结合我国的法律框架与实际情况，既要以法律保障电子商务的健康运行，也要避免因法律严苛而抑制电子商务的发展。

表 2.5 联合国国际贸易法委员会对电子商务的相关规定

颁发机构	时间	文件	作用
联合国国际贸易法委员会	1996 年 6 月	《电子商务示范法》	提供一整套旨在为电子商务消除法律障碍并提高法律可预测性的国际公认规则
	2001 年 7 月	《电子签名示范法》	明确电子签名和手写签名之间的等同性规定技术可靠性标准，从而促成和便利电子签名的使用

续表

颁发机构	时间	文件	作用
联合国国际贸易法委员会	2005年11月	《电子通信公约》	确保以电子方式订立的合同和往来的其他通信的效力和可执行性与传统的纸面合同和通信相同
	2009年3月	《增进对电子商务的信心:国际使用电子认证和签名方法的法律问题》	解释性法规
	2016年5月	《关于网上争议解决的技术指引》	为网上争议解决方案提出示范性指导

（三）健全跨境电子商务平台内部监管体系

跨境电商平台内部管理和监控对跨境电子商务的健康发展至关重要，健全的企业内部监管体系可以有效防御多种风险。

在信息高速发展的今天，任何企业都难以保证自身信息的完备性、及时性和有效性。跨境电商平台是一家互联网企业，也是一家信息服务企业，信息管理是企业管理的重点。跨境电商企业应利用有效的信息管理平台尽量减小信息虚假、信息滞后、信息不完善以及信息垄断等带来的损失。传统外贸企业接轨跨境电子商务可以借助跨境电商平台，在企业内部成立电商部，并与跨境电商平台对接，不断开拓业务。对于跨境电商平台而言，从企业设立之初就要做好全面的风险防范准备，在部门设立与业务流程设计过程中更要考虑周密，至少要考虑到以下三点：第一，系统安全管理。网上交易系统符合各项安全要求，不断更新相关技术，降低技术落后的风险。第二，人员管理。各部门人员做到风险隔离，定岗授权访问权限，防范内部风险的滋生。第三，保密机制。跨境电商企业积累的大量交易数据、客户数据需要进行保密处理,应该在信息处理过程中设置密钥。密钥产生、传递、销毁的全过程由企业严格把关。企业要对信息级别进行分类,从而确定防范重点及制订相应保障措施。

(四)建立完善的售后服务制度

售后服务在跨境电子商务运作过程中起着越来越重要的作用,良好的售后服务能增加企业与客户的情感沟通,增强消费者对企业的信任感和满意度,有效提升企业竞争力。完善的售后服务是企业品牌形象提升的保障,而品牌的树立则有利于企业获得品牌溢价,从而提高抵御市场风险的能力。企业自身应该对售后服务理念有更清晰的认知,充分激发为消费者提供售后服务的积极性,充分挖掘售后服务潜能,创建规范的服务流程和绩效考核体系。此外,企业应在售前和售中充分把握客户需求,充分把握每一次与客户沟通的机会,重视客户关系。跨境电子商务企业要选择优质的第三方服务合作伙伴,提高物流配送以及网络支付的效率,与第三方服务企业共同建立起规范、畅通的售后服务流程,以优质的售后服务提升客户的忠诚度。

第三章 中国跨境电子商务企业发展的 SWOT 分析

第一节 S（Strengths）—优势分析

一、中国实体商品货源稳定

我国是一个制造业大国，生产的产品种类多，商品种类齐全，是许多商品的原产地、可以为跨境电商企业提供充足、稳定的货源，eBay 发布的《大中华区外贸电子商务报告》显示，电子数码产品、服装及配饰、手机及配件、汽车配件等是 eBay 热销产品。从中可以看出，跨境电商依托强大的中国实体商品市场可以得到稳定的货源，实现快速发展。

阿里巴巴作为中国跨境电商企业的代表之一，对中国生产制造业的优势有着深刻的认知。在此背景下，阿里巴巴借助中国发达的制造业，依托"互联网+"这个大环境，迅速发展起来。

二、国内市场基础条件优越

目前，中国已经成为全世界最大的电子商务市场，中国跨境网购的规模也在逐年扩大。一方面，中国的产品性价比高，各国市场对中国的产品青睐有加；另一方面，跨境电商订单小批量、高频次、直接化的特点正迎合了中国海量中小型企业的诉求，中国大量的中小型企业可以借助跨境电商平台为国际市场提供货源，来满足国际市场对中国产品的需求。阿里巴巴根据我国广大中小型出口企业的特点，适时推出了速卖通，可以让我国中小型出口企业通过速卖通平台将商品销售到世界各地，大大提高了我国中小型出口企业的出口效率。

三、跨境电子商务平台具有中国特色

阿里巴巴兼具亚马逊、eBay等线上交易平台的业务和特点，取长补短，每块业务在相互独立的同时又交叉互补，结合了中国消费市场的实际，具有中国特色。与外资第三方平台相比，阿里巴巴的跨境电商平台更加贴合本国消费者的购物习惯，具有更大的优势。此外，阿里巴巴针对消费者的跨境采购需求和企业在国际范围销售商品的需求，分别设立了海淘和速卖通，满足了不同消费者的购物及消费需求，使每块业务的展开都立足于中国市场。

四、阿里巴巴跨境电子商务的布局全面

在2007年3月，阿里巴巴旗下的淘宝全球购开始上线，为中小代购商提供了交易平台，代购商和消费者可以通过淘宝全球购进行交易，淘宝全球购的出现是阿里巴巴走向跨境电商领域的第一步。

在2014年2月，阿里巴巴旗下的天猫国际正式上线，天猫国际囊括了全球数千个海外品牌，主打跨境电商概念，吸引了200多个国家和地

区的加入。与淘宝的全球购相比，天猫国际对入驻商的要求更高，它要求入驻商必须拥有海外的零售资质，从天猫国际购买的商品必须全部从海外直邮，并在本地区提供退换货服务。

在2014年9月，阿里巴巴旗下的一淘网的海淘代购项目正式开展，主要为消费者提供便捷的交易界面，解决海淘过程中的语言、支付等问题。由此可见，阿里巴巴在跨境电商这个领域进行了全面的布局：首先，海外的代购商可以通过淘宝全球购将海外商品卖给国内的消费者。其次，海外的品牌商可以入驻天猫国际，实现直接的跨境交易，一淘网又为消费者提供了便捷的一站式服务。阿里巴巴旗下的淘宝全球购、天猫国际以及一淘网业务在一定程度上交叉互补，真正实现了海淘"0门槛"。

第二节　W（Weaknesses）—劣势分析

一、假冒伪劣商品泛滥

由于国内一些企业知识产权意识淡薄，互联网的开放性也让商家及时地把握了商品的流行趋势。因此，山寨品、伪洋货的泛滥已经成为了跨境购物中的顽疾，如在义乌和广州的地下工厂中，一些知名品牌的高精仿商品被生产出来后被发往欧美等国家，然后又通过国内跨境电商平台、代购平台等形式回到中国消费者手中。

以阿里巴巴旗下的淘宝网为例，只要有一款产品由于名人效应或网络媒体在中国流行起来，不用多久我们就可以在淘宝上找到类似的山寨产品，一些与明星同款品牌的"山寨大衣"，非但款式相同，连品牌商标也极为相似，侵犯了广大消费者的权益；对国外商品进行样式上的仿制，或盗用其品牌，这些行为也会侵犯到国外公司的知识产权。即使很多海外代购商家标明 100%正品，但由于跨境电商交易平台只提供支付担保和交易分成，对代购身份、个人买手以及产品真伪的审核与认证无法做到完全辨别，所以跨境购物中的货源问题成为制约跨境电商实现规模性发展的主要因素。而一旦触碰到海外知识产权红线，企业就将面临一系列的官司、纠纷和赔偿问题，不仅会付出很大的时间和经济成本，还会影响企业的公共形象和信誉度，阻碍跨境电商企业的健康发展。

二、物流成本高，速度难以保证

跨境购物交易主要采用小批量的运输，与传统贸易大批量货物的运输方式相比，小批量运输必然会使单件产品的运输成本增加。此外，跨境物流配送速度也难以保证。以阿里巴巴旗下的海外购为例，由于清关手续复杂、节假日及恶劣天气等原因，国际快递的配送可能需要半个多月的时间。在此期间，第三方交易中的支付安全得不到规范性的保障。

此外，由于每个国家和地区的消费习惯和当地法律环境相差很大，所以导致支付方式也各不相同。目前,全球超过 80%的买家都使用 PayPal 进行跨境在线支付。支付宝虽然占据了国内的支付市场，但在跨境交易过程中打入国际市场，成为主流支付工具，对阿里巴巴无疑是个很大的挑战。各国消费者能否很好地适应国际支付宝的支付方式还有待验证。

三、售后服务难以保障

目前，受地域环境的限制，产品的供应商和商品消费者往往不在同一个国家，所以商品一旦发生质量问题，消费者与客服、产品生产方容易因为信息不对称，无法取得及时的沟通和联系，使售后服务无法得到应有的保障。同时，在退换货或商品跨境返修等售后流程中，必须经历的跨境物流、报关、税收等一系列烦琐的过程，更让大多数消费者望而却步。以阿里巴巴的海外购为例，即使跨境电商平台对入驻商家规定"7天无理由退换"，但约束力较弱，许多海外买手及代购商家自定规则，不接受退换货，对商品质量的定义也说法不一。一旦商品出现问题，跨境电商平台客服起到的作用也相当有限。这些问题都加大了消费者的维权难度，使他们在跨境交易中得不到应有的售后保障。

第三节 O（Opportunities）—机会分析

一、跨境电子商务综合实验区的设立

为了让我国跨境电子商务贸易更好的发展，2015年3月，国务院同意将杭州设立为跨境电子商务综合实验区。杭州跨境电商综合实验区的设立标志着我国跨境电商迈向了一个新阶段。

作为首个试点城市，目前，杭州综合实验区已经与金融、物流及第三方综合服务平台高效链接，构建了数据底层。并采取"一区多园"的布局方式完善线下生态圈，形成了跨境电商发展的新动力。

此外，在跨境配送过程中，由于包裹需要经过多次运转，无法全程追踪物流，因此，消费者在支付高昂的国际运费之后还可能会面临包裹的损坏或丢包等问题，严重影响消费者的购物体验。而卖家也不得不承担退换货、客户流失及快递拒收等不确定因素所带来的损失。

二、海外仓成为跨境物流的新模式

随着跨境电子商务的发展，整个行业对物流环节的要求也日趋严格，以往的跨境运输时间少则八九天，多则几十天，时间成本较大。而海外仓的出现是跨境电商物流模式的重大创新，能有效解决跨境电商物流成本高、配送周期长等问题。

从事出口的跨境电子商务企业在国外自建或租用仓库，将货物批量发往国外的仓库，从而实现便捷的海外销售和配送。实质上，海外仓是一种综合配套的物流体系。这种新的物流体系有效地弥补了跨境电子商务传统物流体系成本高、运送周期长的缺点，成为当前跨境电商物流体系的新模式。目前，阿里巴巴运用海外仓这一新型跨境物流模式，更高效地实现了本地化服务，24小时内从海外仓发货，缩短物流配送时间及回款周期，为消费者提供了更灵活的售后服务。

三、国内消费方式的转变

中国人均收入的增长，80后、90后成为市场消费主力军，这一群新一代消费群体对产品具有更加个性化、时尚化的需求，越来越多的消费者开始购买外国的产品，对国外品牌需求的增加也促进了跨境电商的发展。随着人民生活水平的提高，中国消费者的购买能力逐步增强，越来越多的消费者已不满足国内产品带来的价值,开始购买国外各类知名品牌的商品,这一需求在奢侈品商品领域更为显著。阿里巴巴立足于消费者市场,牢牢把握这个机遇,相继推出了淘宝全球购、天猫国际平台以及一淘网,为消费者提供一站式的海外购物平台,满足我国消费者对跨境购物日益增长的需求。

四、互联网+中国制造

在中国,劳动力成本低,生产出来的产品价格低、质量好。质优价廉的商品是驱动海外买家购买"中国制造"的主要动力,这也是"中国制造"在国际贸易中保持竞争力的关键。

随着"互联网+"时代的到来,阿里巴巴立足于中国国情,推出"中国制造"项目,帮助中国企业提高出口效率,带动中国产业升级。合理利用互联网+中国制造这一新的发展机遇,充分发挥中国制造业的优势,在国际上塑造中国自己的品牌。

第四节 T(Threats)—威胁分析

一、同行业间竞争激烈

跨境电子商务行业发展前景广阔,必将吸引越来越多的企业进入这个领域。随着我国跨境电商交易规模的逐年扩大,众多企业开始竞相切分跨境电商这块大蛋糕。

PayPal 作为全球最具影响力的第三方支付公司之一，凭借其先进的支付技术在跨境支付领域打造了独特的品牌优势。特别是在欧美国家，PayPal 的普及率和知名度极高，相比之下，阿里巴巴推出的支付宝国际版在服务创新方面比较薄弱，用户体验亟待加强。

二、产品同质化严重

交易商品的多样化是跨境电商发展的生命线。跨境电商平台的发展旨在让消费者足不出户就可以在国内买到价格相同或更划算的海外商品。随着跨境电商平台的增多，交易产品同质化严重，很难形成企业的核心竞争优势。一些跨境企业在国际市场上提供的商品附加值低，没有形成良好的品牌竞争力。很多时候是依靠低廉的价格，而不是打造更高的质量、更有特色的商品和服务、来吸引消费者。最后只能通过打价格战来占领市场，利润越来越低，面临的压力也会越来越大。随着各国消费者个性化、多元化需求的增加，让阿里巴巴跨境电商平台上的商品满足消费者日益增长的需求，对阿里巴巴来说是一个不小的挑战。顺利地解决消费者需求的日益多元化与跨境电商产品的同质化之间的矛盾对跨境电商平台的发展至关重要。因此，跨境电商只有做好商品的精细化和定制化服务，不断提高创新水平，才能在跨境电商的潮流中稳步前进。

三、跨境商品品牌推介等软性条件不足

目前，阿里巴巴在跨境电商的经营过程中，对海外新产品和新品牌的宣传以及推介能力较弱。在阿里巴巴全球购及海外旗舰店经营的商品主要集中在少数品牌和少数国家的奶粉、保健品、化妆品及服饰等少数

品类。中国消费者对海外商品的认知大多源于网络广告、口碑推荐等方式，对国外商品及品牌的了解仅是冰山一角。然而，在消费者需求多元化的今天，有限的经营品类及少数品牌已经无法满足消费者日益增长的消费需求。任何一个优秀的商品进入市场都需要经过消费者的认知、接收以及获得忠诚的缓慢过程。因此，海外众多品牌和众多类目的优质商品需要跨境电商平台去发掘和传播。虽然阿里巴巴作为中国电商的领军企业，在信息技术、经济环境以及消费市场等方面已经具备了大力发展跨境电商的硬性条件，但在产品的筛选与管理、品牌的塑造与推广等软性条件方面仍实力欠缺。

第四章 高校跨境电子商务人才培养的现状及存在的问题

第一节 高校跨境电子商务人才培养的现状

依托互联网技术发展起来的电子商务日渐成熟,但跨境电子商务还是一个较新的概念。随着经济全球化的发展以及世界各地用户消费习惯的转变,跨境电子商务在国内外的发展十分迅速。

对刚起步的跨境电商而言,人才供给不足将导致未来一段时间内的人才缺口增大。2016年,中国(杭州)跨境电子商务综合试验区相关领导部门在"潮起钱塘"全球跨境电商峰会上首次发布了《中国跨境电商人才标准》,同时还发布了《2016-2017年度跨境电商产业紧缺人才需求目录》(简称《目录》),其中涉及60余个岗位,以通用类、商务类和跨境类岗位为主。《目录》制定期间的调查结果显示,有61%的有效样本企业在未来一年对跨境电商人才的需求有明显的增加,8%的企业需求减少,31%的企业需求不变,跨境电商人才需求十分紧迫。

一、高校跨境电商人才的教育教学现状

目前，我国跨境电子商务专业尚不成熟，没有制订独立的教学培养方案，在多数高校中只是作为相关专业下设的一个培养方向。跨境电商企业招聘普遍倾向于选择高职院校跨境电商专业的毕业生和国际贸易、电子商务等相关专业的统招本科毕业生。

目前，国际贸易专业不仅在财经类和综合类高校开设，不少理工类及农林类等院校也有开设。电子商务专业是一门融合了计算机科学、管理学、市场营销学、现代物流和法学等多学科知识的新型专业。高校输出的电商人才主要分三类：一是贸易型人才，其培养方案是从贸易经济专业衍生出来的；二是技术型人才，其培养方案是从计算机专业或信息管理专业延伸出来的；三是管理型人才，其培养方案是从管理类专业发展出来的。从课程体系的设置来看，有些高校注重电商网络技术方面的培养，因此开设了大量如网页设计、电商网站建设、网络数据库、Java等编程类课程；有些高校则更倾向于培养学生的商务能力素质，以网络营销、移动电商、客户关系管理等课程为重点进行培养和考查。从教学结构设计层面看，我国电商专业的教学模式大多是以"理论教学—案例分析—实践训练"为链条开展的；理论知识主要以课堂授课的方式进行；实践训练多是以课题实验的方式进行。在学习评价机制方面，电子商务专业的考核方式主要以出勤、课堂发言、各类考试以及课堂实践考察等方式为主，由于受到教学模式设计的影响，考核方式略显单一，没有系统的考查评估标准。

从《目录》调查结果的分析情况看，跨境电商企业对人才的需求特

征可以归纳为四点：一是熟悉外贸规则及平台运营，调查结果显示，跨境电商企业对跨境营销与服务类人才的需求量最大；二是外语能力；三是计算机技术能力；四是实际操作能力。目前，一些高校正在加速推进跨境电商人才的教育培养，主要开展了以下几项工作：一是开设专业课程，考取人才认证。目前，有许多高校相继开设了跨境电商课程。例如，江苏开放大学 2015 年就引入了阿里学院的四门跨境电商课程，共计 60 多个课时；阿里巴巴跨境电商人才认证也成了许多高校相关专业学生的主要认证考试之一。二是校企联合建立人才培养基地。近两年，跨境电商发展较快地区的部分高校已经被政府列为跨境电商人才培育基地。例如，位于杭州市的浙江外国语学院、杭州电子科技大学等 7 所高校，是首批中国（杭州）跨境电子商务人才培育基地。

二、政府跨境电商人才培养政策的现状

跨境电商在我国快速发展的初期，政府政策关注的重点主要集中在跨境电商产业链管理和国际财政金融服务对产业发展的支持方面。政府关于跨境电商人才系统化、专业化培养方面出台的政策相对较少，但从跨境电商试验区地方政府出台的政策和人才培养工作的推进上看，政府主要从两个方面着手：一是教育投资机制的建立，解决目前教育的高投入、低产出问题。二是建立和完善跨境电商人才的产学研合作培养模式，鼓励高校与企业积极开展合作，实现机制共建，资源共享。全球跨境电商峰会后，杭州政府决定通过集聚政府政策、高校教育、企业参与、社会资源四大优势，推出联合培养、孵化培训、人才交易、猎聘测评等服务，加快人才大数据平台建设，实现一体化创新人才服务。同时，在综

合实验区的支持下,浙江省对外服务公司将启动跨境电商人才培养项目,利用行业标准连接院校、企业、政府和科研机构,打通各参与主体之间的桥梁。

此外,毕业生就业率也是人才培养工作的一大难题。跨境电商人才就业也是政府需要重点关注和支持的领域之一。

第二节 高校跨境电子商务人才存在的问题

一、理论基础薄弱

跨境电商人才是面向全球市场的复合型人才,不仅要掌握跨境电子商务的专业知识和技能,还需要有较高的外语水平,并且具备一定的营销和管理能力等。然而,由于高校目前并没有形成跨境电子商务人才系统化的培养方案,没有独立的专业设置和课程体系,跨境电商理论的学习往往是在传统电子商务和国际贸易等专业培养方案的基础上增设相关培养课程。目前,部分课程只是以选修课的形式出现,学生的学习效果大打折扣,学生理论基础薄弱的问题无法从根本上得到解决和改善。

二、专业技能掌握不足

跨境电商企业在业务性质上属于国际贸易的范畴,因此,跨境电商从业人员首先应具备一定的外贸业务能力,既要熟知外贸业务流程及相关法律法规，熟练填制各种外贸单证，又要积极开展网上交易、利用 EDI 通关、报检、退税，跟进国际物流以及国际结算的相关业务处理等。从业务媒介上看，跨境电商属于电子商务的范畴，要求从业人员具有较强的电商信息检索、搜集、制作与发布能力，较强的网络营销和推广能力。优秀的员工还应该具有一定的行业敏感度，及时学习前沿的知识和技能，了解跨境电子商务的前沿动态和发展趋势。

与跨境电商专业人才应具备的专业技能相比，我国高校对相关专业毕业生的专业技能培养力度还远远不够。首先，受教学模式、教学技术、软、硬件环境等因素的制约，学生不能在短时间内熟练掌握所学的专业技能；其次，大部分高校与企业之间没有建立系统、完善的跨境电商实训环境或妥善、稳定的实习环境，企业既耗费人力成本，又不参与实际教学，投入产出比低；教师只能给予理论指导，无法传授前沿、实用的专业技能；学生感觉学不到东西，无法满足企业的岗位胜任标准，各方的积极性普遍不高，学生专业技能的提升变得困难重重。

三、综合素质有待提高

跨境电商经过几年的快速发展，已从传统的信息营销平台转变为协同商务服务平台。目前，国内高校电子商务专业人才的培养，大多是为了适应国内电子商务的发展，主要培养学生创新商业模式、开展市场调查与网络营销等方面的能力，同时注重网页设计与数据库技术、互联网应用等技术能力的培养。但在外贸交流、跨文化沟通、外语水平、职业素养等方面还不能满足跨境电商企业对人才的需要。

第三节 高校跨境电子商务教育教学存在的问题

一、缺少系统的培养方案

目前,跨境电子商务在我国多数高校中尚未正式作为一个独立的专业出现,只有少数高校开设了跨境电子商务专业,人才培养工作严重滞后。2013年,潮汕职业技术学院较早地开始对传统的外贸专业进行改革,率先成立了跨境电子商务实战学院,开设了商务英语(跨境电商方向)和国际经济与贸易(跨境电商方向)专业。还有一些高校被政府列入跨境电子商务人才培育基地,例如,在2016年5月杭州市召开的跨境电子商务人才建设工作推进大会上,将浙江外国语学院、杭州电子科技大学、浙江工商大学、浙江工业大学等7所高校定位首批中国(杭州)跨境电子商务人才培育基地。此外,一些高职院校率先开设了跨境电子商务专业及相关培养课程。但由于缺乏统一的标准,各校开设的课程名称各不相同,课时数和授课内容上的差异较大。高校人才培养模式包含课程体系的建立、教学结构的设计、教学技术的配置以及评价机制的构建等,是一套完整的教学体系,并非一门课程或者一个培养方向所能代替的。因此,建立一个系统化的培养方案,让学生从理论到实践,从通识教育到专业教育,形成系统化的学习方案,是我国跨境电商人才培养的首要任务。

二、教学技术相对落后

目前,翻转式课堂、混合学习、大数据技术已经开始被广泛运用到课堂教学中。理论知识的学习可以通过 MOOC(Massive Open Online Course,大规模开放在线课程)等在线学习平台完成,面授课程则以解决问题、知识拓展、项目实践等内容代替。大数据技术能够实时反馈学生的学习行为,帮助教师掌握教学进度,进行有针对性的教学。

然而目前,在我国大多数高校跨境电子商务相关专业的教学中,理论部分仍然以传统的课堂授课形式为主,学生收获的知识完全取决于个人的学习兴趣和教师的授课水平。便捷、高效的学习平台只停留在概念阶段,前沿的教学管理技术和授课形式没有得到引入和发展。在实践部分,虽然许多高校建立了产学研基地,但由于配套软、硬件设施没有跟上,校企双方体验较差,也在一定程度上削弱了校企合作的积极性,降低了学生的学习兴趣。

三、实践训练效果欠佳

跨境电子商务的教学过程中,除了增加实践课程的比例,学生的实践能力培养应具有针对性,应与企业需求相对应。目前,很多高校跨境电商课程比较注重将理论与实践相结合,但是并没有做到以企业对跨境电商人才能力素质的要求为目标而进行有针对性的训练,学生很少有机会接触到企业的实际项目,也很少去进行真正的平台交易,与企业岗位胜任的标准相差甚远。另外,实训基地及实训所用软、硬件平台的建设也十分重要,是实践训练的重要保障。

第四节 政府教育投资与培养政策存在的问题

一、政府教育投资效益低

影响跨境电商人才输出的因素有两个：一是缺乏系统的人才培养机制，高校人才输出的数量和质量难以保证；二是教育投资浪费严重，人力资本价值难以实现。目前，政府大力提倡产学研合作模式，将教育投资转移到企业，企业为了获取优秀人才，不仅要投入时间成本，还要投入培训成本和基础设施建设成本。而政府投资主要用于实习基地的建设和创业激励，重实践而轻理论，在课程的研究、教材的编写、教学的设计等学科体系建设方面投资少、效率低，难以从根本上解决人才培养存在的问题。

二、政策相关主体参与存在制度障碍

高校跨境电商人才培养政策的利益主体包括高校、企业、政府、学生和其他组织。在人才培养政策的实施过程中，各相关利益主体基于自身不同的利益诉求而产生不同的政策期望，难以实现利益均衡。高校在人才培养过程中强调自身的主体地位，不希望企业和其他组织对教育教学过程过度干预，但同时也希望通过和企业的合作，为学生提供更多的实践机会，提高毕业生的就业率。企业在产学研合作中处于被动地位，产学研合作政策并没有为企业提供必要的激励政策。校企合作中双方的资源供给、利益分配、参与程度等都没有明确的制度保障和组织管理，导致校企，特别是企业方面缺乏合作动力。学生主体在政策的实施过程中处于被动接受高校教育政策的状态，其主观意志和政策期望难以对政策的实施过程产生影响。

第五节　发展中国跨境电子商务的对策建议

一、一般性对策

（一）加强跨境电子商务的监管力度

跨境电商业务一般会涉及两个或两个以上国家，随着涉及的厂商及商品种类的增多，商品品种、价格、质量、安全、购物环境、信息保护以及虚假打折等方面的问题愈加突出，需要政府及相关部门作出回应。除了政策法规的约束，我们应更加注重市场监管。事实上，由于跨境电商涉及的部门过多，且电商发展日新月异，我国需要提高监管效率。具体而言，我们可以从监管部门的完善和加强行业自律两个方面入手。

1. 完善监管部门

由于跨境电商的创新发展和变化无规律可循，很多情况下跨境电商的贸易问题无法通过立法解决，需要监管部门提出相应的对策。再加上近年来在电子商务平台上假冒伪劣、虚假打折等问题频频出现，相关部门要加强管理，保护消费者权益。以我国为例，目前，跨境电商试点城市之间的监管标准不同，也没有设立相应的监管部门，这就给跨境电商交易留下了巨大的漏洞，而这种现象不止是我国的特例，也有许多其他国家存在此类问题。针对这种情况，各国应建立相应的监管部门，制定具体的监管措施，以保证跨境电商交易的顺利发展。

2. 加强行业自律

跨境电商行业协会是连接政府和跨境电商企业之间的桥梁，在跨境电商迅猛发展的背景下，广东、青岛、天津、杭州、义乌等城市陆续成立了跨境电商行业协会。虽然政府可以从宏观上对跨境电商的发展进行一些调控，但不可能面面俱到，协会一方面可以了解跨境电商企业在发展过程中的需求，另一方面也可以有效地运用政府部门的相关政策对行业市场进行分析，满足双方的需求。因此，应该充分发挥跨境电子商务协会在市场体系中的导向作用，打造服务型、信用型行业协会。跨境电商行业协会应充分发挥其信息、人脉等优势，组织和开展与跨境电商相关的会议及培训，为企业提供技术支持和理论指导。此外，利用行业协会的纽带作用搭建技术桥梁，促进国内外跨境电商人才的交流，引进跨境电商复合型人才，为遇到困难的中小型企业提供技术指导，从而促进跨境电商企业的高效、健康发展。

加快行业协会统一标准的制定，提高跨境电商行业的自律意识，用自律保证贸易的顺利发展，提高本行业的自律能力，能够更好地降低监管成本，促进跨境电商稳步发展。

（二）电商平台的自我完善

跨境电商的发展，离不开电商平台的自我完善。电商平台的自我完善涉及电商交易的各个方面。目前，假冒伪劣商品泛滥，线上销售无法满足消费者的购物体验是跨境电商在运营中面临的普遍性问题。针对假冒伪劣产品问题，电商平台可以通过自我约束以及建立相应的内部机制，完善购货流程，加强对供应商的监控来保证。

而对于消费者购物体验的问题，跨境电商可以在全球各大城市建立相应的线下体验店，建立线上线下相互链接的方式，以满足消费者对购物体验的要求。相关研究表明，线下体验店在一定程度上有利于跨境电商的发展。消费者通过线下实体体验，获得真实的感受，大大提高了消费者的购买欲。

售后服务问题一直是跨境电商运营过程中面临的一大难题，与国内的商品交易不同，跨境电商贸易一般涉及两个或多个国家，商品退、换货成本高，后期维修服务难以实现。针对这一问题，电商在控制商品质量问题的基础上也应注意优化物流管理，建立线下售后服务中心，解除消费者的后顾之忧。传统海淘的物流模式主要分为转运和直邮，转运价格低、标准化程度较高，但由于信息不对称，无法对物流环节进行实时追踪，因而其安全性和时效性较差。而直邮操作简单，货品丢失、破损以及被偷换的风险都相对较低，但运费较高，且支持跨境直邮服务的境外购物网站较少。因此，跨境电商要选择规模化、网络化的物流公司进行合作。针对售后服务维修问题，跨境电商在设立相应线下体验中心的同时，也可以配备线下售后服务中心。

(三)合理地发挥政府在跨境电子商务发展中的作用

无论是传统的实体贸易模式,还是目前备受关注的"互联网+"贸易模式,只要涉及跨境的双边或多边贸易,政府在其中发挥的作用都是十分重要的。政府必须扮演好自身的角色,促进国与国、区域与区域之间的贸易活动。在跨境电商贸易中,政府的角色定位十分重要。首先,政府是跨境电商贸易的纽带,国家间和平、良好的外交关系,是建立贸易往来的条件之一,跨境电商无论是贸易广度还是贸易深度都与国家外交息息相关,因此,政府部门必须努力营造良好的外交环境;其次,在跨境电商交易中,政府作为本国电商的坚强后盾,要不遗余力地帮助电商解决贸易纠纷,减少由于贸易壁垒或不公平对待而造成的贸易损失。同时,本国政府也必须相应地减少对其他国家电商设置的不合理的贸易壁垒,营造良好的、互通互助的跨境电商贸易环境。最后,跨境电商涉及多边贸易,税收成本、物流成本、交易成本等成本较高,政府可以为跨境电商提供一定的支持,如税收减免、财政补助等,帮助跨境电商建造更加快捷、方便的物流体系。

(四)注重文化差异,从数据中"掘金"

在互联网+时代,想要抓住跨境电商的机遇,就要将消费国不同地区的语言、文化及消费习惯、行为模式作细致的对比和调研。运用互联网及物联网等数据,精准定位不同国家的客户需求及消费差异,把握不同用户的心理,将需求端与供给端精确匹配,在此基础上制定有针对性的营销策略,避免产品的同质化,提高企业的核心竞争力。同时,充分利用信息技术去洞察消费模式背后的市场,如通过网络上顾客对不同产品或品牌的搜索量去分析用户需求，打造专属服务。

此外，跨境电商平台可以充分运用区域数据，与全国知名平台建立深度合作，这样就可以把跨界销售的环节打通，让中国企业更加快速、高效地开拓海外市场。

二、中国跨境电子商务瓶颈的对策

（一）建立健全相关的法律制度

由于跨境电子商务交易具有虚拟化、全球化的特点，假冒伪劣商品、跨境售后维权难、消费欺诈等问题给跨境电子商务带来了严峻的挑战。建立健全跨境电子商务的市场监督体系，加快监管信息平台建设，建立跨境电子商务跨部门信息共享和协调机制是跨境电商发展的必然要求。

此外，构建电子商务法律法规体系还可以从以下两个方面入手：一是立法要与我国的特殊国情和我国跨境电商的实际情况相结合，法律法规既要起到规范交易行为、保护各方利益、维护交易安全的作用，又要保证跨境电商发展所必需的公平、自由的环境，促进跨境电商的发展；二是要把跨境电商的相关法律与我国现有的法律体系相结合，构建完整的跨境电子商务法律体系。另外，还要考虑我国关于跨境电商的法律与各国国际商法等通用法律体系之间原则的统一。

（二）建立健全支付结算体系

目前，我国的主要任务是结合当前跨境电子商务的发展状况，立足中国国情，不断完善直购进口、保税进口、保税出口、一般出口四大运作模式，积极推动结算支付的制度改革和制度创新，探索新道路，解决新问题。逐步建立信息化的结算支付管理平台，不断推广支付结算模式。最终达到简化操作流程、节约交易时间的目的，解决国际结算中各种限制所带来的问题。以方便跨境电商的买卖双方为原则，加强监管，预防结算支付中可能出现的风险，从而推动跨境电商的发展。

（三）规范整合物流体系

物流系统是电子商务发展的重要支撑，跨境电商的发展给我国传统的物流系统提出了新的挑战，随着跨境电商业务的开展，在对物流体系需求增加的同时，跨境电商也对物流体系的质量与速度提出了新的要求，我国现有的物流体系在跨境运输方面存在着许多不足。首先，我们应该整合现有的各种物流体系，加强不同物流公司之间的合作，搭建一个统一的物流信息平台，对跨境物流进行统一、集中的管理。同时，通过完善物流行业的规则与法律制度，进一步对物流体系的运行效率进行有效的监督与调控；其次，要加强物流体系的创新，加大"海外仓"等新兴物流模式的推广，注重生产性服务业与新的物流模式的有机结合，加强信息技术、物流管理平台等生产性服务业对跨境电子商务的支持力度，从而打造一套高效率的跨境电商物流体系。

（四）加大国际营销方面的投入

首先，企业应该树立全球化的营销意识。在跨境电商领域适当增加国际营销方面的投入，制订中长期营销战略，提高产品知名度。在国际营销过程中，注重消费者信息的收集与分析，深入了解不同国家和地区的文化、风俗习惯、消费模式、政治环境等信息，具体问题具体分析，有针对性地进行国际营销战略的制订。

其次，树立品牌意识。现阶段，跨境电商产品同质化程度较高，这一现象在同类企业中更为突出。而对中小型企业来说，大公司一旦使用低价战略，中小型企业就毫无竞争力，而品牌效应在一定程度上有利于缓解这类现象的发生。消费者在购物时倾向于选择品牌企业，因为品牌在一定程度上意味着质量的保证，这就需要跨境电商在建立和发展时注重品牌的树立。在跨境电商的活动中根据自身的优势，尝试打造具有国际影响力的电子商务品牌，将国际营销与品牌化战略相结合，同时根据自身的实际情况，推广具有中国特色的品牌和品牌文化。

（五）加大人才培养力度

解决跨境电子商务中人才供需矛盾的关键是调动各方资源，多渠道地引进与培养人才。一是要发挥高等院校的作用，大力培养复合型跨境电商人才，各高校应该制订培养方案，有针性地培养人才，在合理设置有关跨境电商相关课程的同时，注重与实践的结合。同时，要注重跨境电商职业教育的发展，培育适应跨境电商发展的专业人才。利用各方资源，鼓励企业开展对跨境电商从业人员的培训，以实践为基础，提高从业人员的专业知识和技能水平。二是要加强跨境电子商务企业与各高等院校和职业培训学校之间的合作，搭建产学研一体的人才培养与教育平台，从而提高在校大学生的实践能力，增强跨境电商从业人员的总体水平。三是引进国外的优秀人才，充分学习和利用发达国家关于发展跨境电商的经验，同时结合中国企业的实际情况，通过人才交流提高我国跨境电商人才的专业水平。

三、企业层面跨境电子商务发展的对策与建议

我国企业在发展跨境电商的同时，也面临着很多问题。即使像阿里巴巴这样的大企业，也面临着很多挑战，这些劣势和威胁在中小型企业的发展过程中也广泛存在。切实可行地解决这些问题，可以从以下几个方面入手：

（一）加快跨境电子商务信用体系建设

任何企业在经营时必须首先遵守的是"诚信经营"原则，没有诚信作为交易的前提，市场秩序将会出现混乱，尤其是跨境电子商务，由于其交易平台是虚拟的互联网，且交易会涉及不同的国家和地区，诚信建设更为重要。针对供给端售卖假冒伪劣商品等不诚信问题，政府和相关机构应该协调配合，建设严格、规范的信用体系。一方面，政府和相关机构可以建设跨境电商信用公共服务平台，并提供政策、资金以及数据资源方面的支持。信息公共服务平台可以提供一系列的信用服务，如跨境贸易法律咨询、跨境电商主体身份识别、企业信用查询以及在线咨询服务等；另一方面，跨境电商平台严格把关。平台可以进一步完善跨境企业的认证体系，针对卖方发布的商品信息、数量、质量进行严格把控和记录。同时，建立专门的诚信数据库，惩罚跨境交易中不诚信的企业，并对弄虚作假的商家采取公告曝光、记入工商局黑名单等措施，为消费者提供更好的购物体验，为跨境电商营造良好的交易环境。

（二）合理规划物流体系

物流对跨境电子商务来说至关重要，目前，跨境电商物流问题主要

表现在运输成本和运输速度两个方面。高额的跨境物流成本会抬高跨境商品的价格,从而无法保证消费者进行跨境购物的价格优势。对此,跨境企业可以聘请国内外优秀的物流规划人才,让他们专门负责物流方面的规划及相关培训,引入一流的物流创新理念。

此外,对国内外市场进行充分的调研,搜集全面的数据和信息并进行分析,制定物流规划方案。例如,针对跨境物流成本高的情况,对于物流量较大的国家,可以建立海外物流仓库和配送中心,方便整合物流资源,便于批量化配送货物,降低物流成本,但海外仓的选址方案需要通过合理的规划来具体确定,以便最大限度地发挥海外仓在物流配送方面的作用;而对于物流量较小的国家,可以采用海外代理的方式,减少海外仓的投资费用。针对跨境物流速度慢的情况,企业可以采用先进的物流信息技术,减少货物的中转时间,提高货物的周转效率。对于不同的国家和地区,应充分了解当地的地域特点,因地制宜,在不同地域的消费市场采用不同的物流模式,最大限度地缩短物流周期。

我国目前的物流系统还是以人力为主,从而导致成本较高、效率较低。国内物流应当完善基础设施建设,建立信息化、智能化仓库,依靠现代信息技术处理物流信息,从而有效地提高货物的运送效率,同时也能降低出错率,提高客户满意度。

(三)加强与金融和保险机构的合作

支付环节是跨境电商交易的关键,支付是否安全是决定跨境电商能否长期生存的关键。针对这一问题,首先,公司除了要提供专业且安全的支付平台,还应积极地与各国或其他地区的保险机构保持密切的合作,为消费者的资金和账户提供强有力的保障；其次，第三方支付平台要完善用户信息，多途径认证用户身份，为贸易双方提供更全面的信息，保障双方的合法权益。同时，境内外金融机构的多元化对支付平台提出了更高的要求，对此，公司应加强与各国主流金融机构的合作，争取开发出兼容性更好的支付平台，确保支付过程的安全性。

除了要保障支付安全，企业还应合理地借鉴国际上一流的支付平台，如 PayPal，尽可能地为支付环节提供更大的便利。利用数据更精准地定位用户的消费行为，在保障支付安全的同时，提升用户满意度，提高企业在国际市场中的竞争力。

（四）完善售后服务体系

售后服务是跨境电子商务的后勤保障，完善的售后服务体系可以给消费者带来愉悦的购物体验。电子商务以虚拟的网络交易平台为基础，不同于实体店交易，买卖双方无法实现面对面交易。一方面，或因部分商家不能做到真正的诚实守信，或因产品自身的特殊性，商家对产品的描述很难做到真正意义上的全面；另一方面，由于网络平台自身的特殊性，消费者对商品的了解往往不够全面，收到的商品与预期相差较大。所以在交易的过程中往往会遇到各种问题，特别是产品质量问题，导致消费者在收到货物后对货物不满，若不妥善处理，将严重影响跨境电商企业的信誉，制约其正常的发展。此外，货物或包裹运输过程中的多次中转也会增加货物破损的风险。因此，跨境企业应着眼于消费者的切身利益，简化售后服务程序，对诸如消费者退换货、消费者权益保障等问题，应建立完善的售后服务体系，切实保障消费者的合法利益。

（五）用差异化服务满足个性化需求

在服务方面，要运用淘宝大数据做好客户分析，精准定位客户的多样化消费需求，塑造自己的核心竞争力，如聚美极速免税店，打出"30天退货"的口号，以超长的售后服务来打消消费者的顾虑。在商品供应方面，跨境电商企业应综合考虑各国的商品和消费需求特点，依托不同国家消费者的消费习惯和消费心理，放眼全球，开展特色商品专区服务，避免商品的同质化。例如，中国的丝绸、瓷器、清凉油等深受国外消费者们的欢迎，因此，可以设立中国特色商品专区。又如，日本的电子产品、澳洲的奶粉、巴西的咖啡、韩国的化妆品等在全球都具有较好的口碑，都可以根据各国品牌的知名度及消费者的需求设立特色商品专区。特色商品专区的设立不仅为消费者提供了他们想要的特色商品，而且在很大程度上满足了消费者对各国商品的一站式购物需求。

跨境电商行业的竞争日趋激烈，企业可以利用好各国商品的优势，优化配置，努力搭建一个具有多国特色的多样化电商平台，在满足各国消费者多样化需求和愉悦购物体验的同时，无形中提高了自身在同行业中的竞争力。

（六）拓宽渠道，放眼全球

跨境电商与传统的电子商务有着很大的区别，传统的电子商务面对的只是国内市场，而跨境电商面对的是全球各个国家，海外的货源往往难以掌控。现阶段，企业跨境电商平台对商品的推介力等软实力不足，品牌塑造的力度不够，这在很大程度上阻碍了跨境电商的规模化发展。针对这一问题，跨境电商企业可以多渠道推介商品，不再局限于电商平台。随着电子商务的深入发展，跨境电商企业已经进入了网络精准营销和多元化营销相结合的时代，各种社交平台的产生增加了商家与消费者的互动。企业可以根据消费者的不同特点，通过社交平台建立不同的商圈，为产品的分享与推介提供保障，提高商品的知名度。此外，我国中小企业应具备国际视野，作为面向全球的消费市场，不能仅仅局限在少数国家及少数品牌的商品上，应该放眼全球，深入拓展不同类型的海外市场，加大对消费者市场的调研与细分，积极推介国内外的优秀品牌，增强软实力。

  近年来，跨境电子商务发展势头迅猛，在我国对外贸易中所占的比重越来越大，成为我国发展对外贸易的新模式。我国跨境电商的发展一共经历了三个阶段，实现了从提供信息服务，到提供线上交易服务，再到提供全产业链服务的转型。和传统的贸易模式相比，跨境电商有效地降低了商业成本，提高了对外贸易的效率，为外贸发展提供了新的支撑。因此，如何促进跨境电商的发展，带动我国贸易的快速增长变得至关重要。对此，政府应该健全与跨境电商相关的法律体系，营造良好的外交环境，为跨境电商的发展提供良好的发展条件。首先，跨境电商平台应该建立健全支付结算体系，为跨境交易提供安全、快捷的支付环境；其次，政府要整合、规范跨境电商物流体系，探索物流新模式，为跨境电商提供坚实的物流保障；再次，我国企业也要提高自身的竞争力，打造一流的国际品牌，为我国跨境电商提供优质的商品与服务；最后，我国要加强对跨境电商人才的培养，为跨境电商的发展提供人才保障。只有做到这几点，我国跨境电商才能抓住机遇，飞速发展，逐渐成为促进我国外贸增长的新动力。

第五章　全息孵化跨境电子商务创新创业人才培养体系的建立

第一节　创业文化

一、创业的基本常识

创业不仅是为了谋生和追求财富，更是一种对自身理想的追求和人生价值的实现。对创业者来说，创业是对综合素质的磨炼，是对自我的更新，是对命运的挑战。正因如此，这项活动本身充满了无穷的魅力。

创业是一种普遍的社会活动，国内外专家学者对创业的含义有不同的解释，多数认为创业是一种发现和捕获机会，并由此创造产品和服务，并进一步实现其潜在价值的过程。狭义的创业是创建新企业的过程，而广义的创业还包括各种企业和其他非营利组织或公共部门事业创造的过程。有专家把创业活动的本质归纳为七种不同类型的创造活动，包括财富的创造、企业的创造、创新的创造、变革的创造、雇佣的创造、价值的创造和增长的创造。创业是给有创业精神的创业者机会去创造价值的活动。

二、创业与创业者

创业往往是在社会的具体、客观环境下,创业者强大的主观能动性推动的产物,在创业过程中,人是最大的价值所在。管理大师彼得·德鲁克认为"创业者就是赋予资源以生产财富能力的人"。创业者善于创造和抓住机会,将个人及团队的潜质发挥到最大,其思想和行为往往超越一起工作的其他人。

在成熟的西方职场里,对于创业者和职业经理人的概念定位分明。创业者是指开办或经营自己企业的人,他们通常是企业的创始人,既是员工又是雇主,对经营企业的成败负责;职业经理人通常不是他们所管理公司的所有者,尽管通过股权和期权的激励,他们可以分享他们所管理公司的成长过程,但他们通常是指那些被雇来管理公司日常运作的人。创业者既是创业者又是职业经理人;而职业经理人通常只是职业经理人。

三、创业者的类型

创业者可以从不同的角度进行分类:

(一)根据创业者的背景和动机进行分类

1. 生存型创业者

所谓"英雄不问出处",生存型创业者往往出身草根。不管是下岗工人群体、失地农民,还是生活所迫的公司小职员,生存是他们创业的直接推动力,这是中国数量最大的创业人群。清华大学的调查报告显示,这一类型的创业者占中国创业者总数的90%。生存型创业者群体的创业范围大多集中在商业贸易，少量从事实业，基本是小型的加工业。当然也有抓住机遇成长为大、中型企业的，但数量极少。

2. 主动型创业者

主动型创业者通常可以分为两种：一种称为盲动型创业者，一种称为冷静型创业者。前一种创业者大多极为自信，做事冲动，这种类型的创业者大多"好赌"，却不太考虑成功概率，显然，这样的创业者很容易失败，如果成功以后仍然不转变观念，一番偌大的事业随时可能会终结。冷静型创业者是创业者中的精英，谋定而后动是他们的座右铭，凡事"预则立，不预则废"是他们日常行为的写照，他们或是掌握资源，或是拥有技术，开始创业是经过深思熟虑的，如果执行力到位，创业成功的概率通常很高。

3. 现金需求型创业者

现金需求型创业者除了想赚钱，没有什么明确的目标，并不是追求创业带来的声誉。他们追逐新兴的创业概念，他们从一个创业领域跨入另外一个创业领域时并没有考虑太多，考虑转换创业行业多数以快速变现为准则。他们当中的成功者，对于市场变化非常敏感，对于新产品所带来的新兴市场有一套自己的分析逻辑。尽管现金需求型创业者所从事的创业项目和创业的时机常常被人诟病，但奇怪的是，这一类创业者中赚钱的很多。

（二）根据创业者在创业过程中的角色和发挥的作用进行分类

1. 独立型创业者

独立型创业者是指那些独自创业的创业者，自己出资，自己管理。独立型创业者在创业之前通常掌握了相当多的资源，例如，技术、人脉以及渠道等，或是发现了很好的商机。独立创业充满了风险和挑战，创业者通过充分发挥想象力、创造力和组织能力将主观能动性发挥到极致。独立创业的难度和风险相对较大，假如创业者在管理经验、资金、技术资源和社会资源上缺少一项，就会面临较大的压力。

2. 主导型创业者

主导型创业者通常是指创业团队的领导核心，他们将自己的技术、人脉和渠道资源通过创业团队的其他团队成员进行整合、叠加和延展，将自己的人格魅力、管理经验和文化素养通过日常的团队运营，一点一滴的灌输到团队成员的日常工作中，使创业团队逐渐打上主导型创业者的烙印。主导型创业者也通过不断的学习和适应，同创业团队的其他成员在工作中融为一体。

3. 跟随型创业者

创业团队除主导型创业者以外的成员，多数被定义为跟随型创业者，通常也叫创业的参与者。一个创业团队通常只有一到两个主导型创业者，多数都是跟随型创业者。而创业团队不仅需要主导型创业者，合适、匹配、贴心的跟随型创业者往往是主导型创业者整合团队的关键。在创业过程中，优秀的创业团队，应该是互补的团队，技术研发、市场拓展、日常运营、后勤保障和财务梳理等各项工作内容都需要各类的跟随型创业者来根据整体战略目标切实执行。

这里需要提醒的是，主导型创业者和跟随型创业者是一体的。主导型创业者和跟随型创业者概念的提出，是希望创业者根据自己在创业团队中的实际情况，定位自己的角色，做好团队中的相应工作。创业者在团队中有清晰的角色定位，往往是创业工作顺利展开的先决条件。

四、成功创业者的内在特质

尽管不同的创业者专注于不同的领域，所走的创业道路和创业表现也大不相同。通过对成功创业者群体进行跟踪研究，结果表明，成功的创业者有很多共同的特质。我们把这些特质归纳、总结为以下几点：

（一）不畏艰险的奋斗精神

创业者要具备不畏艰险、百折不挠的工作精神，这也是创业者必备的特质。尤其是在创业初期，创业者会面临各种各样的困难和挑战，在创业激情慢慢消退时，这种精神特质变得特别重要。

（二）略带偏执的成功欲望

创业者的成功欲望远超普通人，冲破平庸生活，打破阶层固化的驱动力特别强烈，他们常常对现状不满，有时，这种欲望让他们看起来略带偏执。著名 CEO 安迪格·鲁夫也曾对创业有"只有偏执狂才能生存"的描述。对成功的渴望，推动着创业者不断追求、打拼、反省、努力。

(三)不断改善的创新意识

创业者一旦进入创业工作的状态就停不下来,他们总是努力地去找信息、找项目、找投资人。行动能使创业者在风云激变的市场环境中不断地发现和创造新的机会,不断地改进自己的产品和服务渠道。创新本身就是不断地除旧立新的过程,这个过程不是一蹴而就的,而且有可能在创业过程中循环往复,在这样的循环往复中,创业者才能不断地超越自己。尤其在当下的移动互联网信息时代,市场的变化,要求创业者打破传统的思维方式和运营方式,探索更好的产品市场接入点以及公司发展的成长方式。

(四)马上行动的执行能力

在创业过程中,创业机会有可能是转瞬即逝的。因为在思考创业项目的过程中,很多创业者仅停留在思考阶段,很难进入实质操作阶段。马上行动是创业者的一种基本能力,它体现在创业者能够在纷繁的信息中进行取舍,并将有用的信息用于创业的能力。后信息时代,快鱼吃慢鱼,市场先入的成本优势依然存在,因此,马上行动的执行能力是创业者获取市场先机并巩固市场先机的一项核心素质。

(五)自信乐观的价值观念

成功的创业者身上往往都有异乎寻常的自信,普通人不知道这强大的自信是从何而来的。有些自信,可能凭空而来,属于人格特质的范畴。而更多的创业者的自信是对项目的坚持,以及对创业细节的耕耘,只有真正在做的人才能理解这份一意孤行。自信、乐观是创业者能够走到最后的一项重要素质。

（六）勇于冒险的行动魄力

没有风险的项目，不能称为创业，几乎所有创业者都有敢于冒险的共同特质。敢于冒险不等于莽撞、盲从，而是在冒险的过程中学会控制和衡量风险。不畏惧风险，敬畏市场，是成功创业者的惯性思维。成功的创业者对风险都有特殊的直觉，"在别人恐惧时贪婪，在别人贪婪时恐惧"是他们发起市场行动的座右铭。他们在风险面前，常常具有"壮士断腕"的精神以及规避风险、化解风险和斩断风险的能力，能够冷静、清醒地进行市场分析，且具有足够充分的心理准备。

（七）上通下达的沟通能力

现在的创业往往是团队创业，上通下达的沟通能力是创业者生存、发展所必备的素质。创业活动需要与政府及相关企业进行及时沟通，尽力争取政府部门和合作伙伴的大力支持；团队内部成员之间也要经常沟通思想、增进感情，形成组织向心力和凝聚力。沟通能力是创业团队稳定运营和发展、壮大的必备条件。

（八）坚持不懈的强大毅力

创业的过程漫长而艰苦，充满压力。创业者在创业初期，一般都面临着资金短缺、人才匮乏、资源稀缺等问题，面对市场壁垒和市场竞争，日常的工作背后需要百折不挠的精神和坚持不懈的毅力。毅力并不是说说而已的，而是在逆境中坚持自己原来的道路；在别人的建议下，笃定地坚持自己的思维方式；在市场竞争中撑到最后，能够在听到冲锋号角响起时,进入最后的行动。对于创业的毅力,这样的描述更加贴切——"今天很残酷,明天更残酷,后天很美好,但绝大多数人死在明天晚上"。

五、大学生创业

大学生创业,是指创业的主体主要由在校大学生和大学毕业生群体组成的创业群体所进行的创业活动。从上世纪90年代开始,大学生创业已然不再是新鲜的话题。相关学者也认为,类似硅谷的创业革命是美国经济持续繁荣的基础,而硅谷创业也就成了大学生创业的楷模。

改革开放以来,大学生的创业活动进一步催生了中小企业的迅速崛起,为大学生创业提供了大量高质量的产品和服务,对我国经济的持续、高速增长,对促进产业的积极转型,对支撑我国的城市化和现代化建设都起到了重要的作用。

(一)当代大学生创业的社会和时代背景

20世纪末,我国高校开始扩招,使大学教育从精英教育转变为大众教育。随着高校的扩招,毕业生人数也逐渐增加。但是,我国的产业结构没有发生质的变化,社会需求基本保持在扩招前的水平上,很多企业急功近利,不是特别注重自身人才的培养,而是迫切希望刚毕业的学生能像工作几年的熟手一样快速适应工作,从而导致毕业生的就业压力越来越大。面对这种形势,大学生选择自主创业就成了就业以外的一条新出路。尽管这条出路风险很大,但就大学生而言,这样做既可以选择自我实现,又可以为社会减轻就业压力。

近几年,从政府层面开始,高校、学生家长、大学生本人对创业的认知也有了符合时代背景和社会背景的改变。归纳起来，大学生对创业的认知主要有以下几点：

1. 创业本身就是一种职业

越来越多的大学生和大学生家长认为创业本身就是一种职业，如果有能力进行经营、有能力对抗风险、有能力承受压力，创业能给大学生一片更广阔的天空。

2. 自食其力并有能力创造就业机会可以更好地回报社会

越来越多的大学生和家长意识到，自食其力、不依附于某些束缚你的社会关系，并依靠自己所学的知识经营自己未来的事业是对所学知识的综合应用和提升。"穷则独善其身，达则兼济天下"。在自食其力之后，大学生创业者有机会提升和发展事业，并创造就业机会，而这样的就业机会本身不仅减轻了社会的就业压力，而且实现了大学生对社会的回报。

3. 为别人打工不如自己做老板

商品经济持续发展，在经济较为发达的长三角和珠三角一带，很多家庭教育本身就有为别人打工不如为自己做老板的心态，同时，这样的社会心态也体现在当代大学生的就业观和择业观上。很多大学生对创业的认知也抱有这种心态，认为如果是自己的事业，经营起来更有工作激情，更有投入的价值，也更容易获得成功，且这样的成功完完全全是属于自己的。他们的创新意识和实践意识很强，希望通过努力改变自己的生活状态、经济状况和人生，并认为这是"中国梦"的一部分，这是很多大学生选择创业，自己做老板干一番事业最直接的念头。

4. 摆脱岗位束缚是更好的自我实现

大学生的自我意识很强，不愿意被固定的轨道和思维所束缚，而社会就业所提供的岗位和工作常常带有很强的机械性。一些大组织、大公司更希望优秀的大学生成为他们生产线或管理体制中的一个配件，而自我意识很强的大学生群体显然不希望以这样的状态进入社会。因此，很多大学生选择了自主创业，而他们这样的选择也是希望通过这一途径向社会和家长证明自己的能力，摆脱单位和岗位的束缚，按照自己的想法做事。他们认为，创业一旦成功，不仅可以给自己一个自由发挥的空间，而且可以实现自我价值，得到社会的认可。新一代大学生把价值和追求看得很重，这也是越来越多大学生选择自主创业的重要原因之一。

（二）大学生创业存在的误区

尽管大学生创业的比例在逐年提升，社会的鼓励和政府的扶持也在给大学生创造更好的创业环境。但从目前的社会情况来看，整个社会浮躁的心态已经传递到高校中，大学生在创业方面有着各种各样的认识误区，避免走入这样的误区，大学生应该认识到以下几点：

1. 创业不应该是逃避现实的借口

一般说来，创业是基于个人愿景而展开的实践活动，但是在具体的活动中，每个人创业的目的不同。根据组织行为学的报告，人在群体中很容易出现盲从的"羊群效应"。在大学生的创业活动中，有些人加入这个活动是为了逃避生活、逃避现实。大学生群体的学费和生活费多由家庭负担，学生们习惯于学习、生活得无忧无虑和丰富多彩。有很多学生认为，进入大学以后，课堂学习是多余的，因此沉迷网络游戏，白天睡觉、旷课，毕业走出校门便等于失业的情况在学生群体中非常常见。由于传统思维的惯性，这些过去被誉为"天之骄子"的大学生，不愿意接受低薪、没有技术含量的工作，而高技术含量的工作，他们又无法胜任。这时，创业便成为最好的借口，如果家庭经济条件无法支撑，甚至会诱发家庭矛盾。

在喜欢为失败找借口的人中，创业活动就成了这个借口。他很难明白创业是一个非常艰苦的过程，其中的艰苦和挫折非亲身经历不能体会，就好像不跑马拉松的人很难明白35公里处身体会经历的"炼狱般"的煎熬。大学生需要认识到，靠创业来逃避现实和就业是十分幼稚的思维，也必将"竹篮打水一场空"。

2．创业是一个艰难而长期的过程

大学生的创新创业教育，实质上应该以体验为主。创业不会一蹴而就，并不是像课堂上说的那样，你只要慢慢投入时间等待那个进度条走到头，除了日常的努力，风险通常会以你想象不到的方式向你袭来。

大学生本身欠缺市场的营销经验和企业管理经验。若是急于求成，创业活动很可能就此"夭折"。因此，大学生创业应该从生存做起，从完成个体的生存、完成团队的生存和完成项目的生存做起，然后再谈相关的发展。有些大学创业者动不动就谈创业项目可以几年之后完全在资本市场上套现，实质上，这在一定程度上加深了大学生创业的浮躁心态。创业企业的发展，应该像造房子一样，万丈高楼平地起，打好地基才是关键。

而之所以选择创业，合理的价值观应该是想把这项事业做到极致，财富和社会地位应该只是附加产品，而不是本末倒置，盲目追求社会地位和个人财富。

3. 创业原本没有英雄，干出成绩就自然成了英雄

在大学生创业者的心目中，都有自己的创业偶像和创业英雄。无论是马云、丁磊等互联网时代的英雄，还是俞敏洪、李开复等创业导师，他们都可以成为大学生创业者的创业榜样。大学生创业者通常把这类创业英雄对青年一代的鼓励当成他们奋斗的动力，也常常认为他们的成功经验是可以复制的，且可以复制无数遍。但实际上，在复制的过程中，如果不能扎扎实实地做工作，大胆、有想象力地开拓市场，精准地进行财务核算，则很难复刻创业英雄的创业经历。

创业中对项目的实事求是和对具体创业环境的具体分析，对创业者的最终成功帮助更大。创业本身首先是解决生存问题，然后再考虑发展问题。其实"地上本没有路，走的人多了也便成了路。"同样的道理，创业原本没有英雄，干出成绩了，也就自然成了英雄。

4. 创业不仅有成功的喜悦，还要承担失败的风险

多数大学生创业者只看到了创业成功的喜悦，看到了鲜花和掌声，但常常看不到创业背后的辛苦。这种辛苦和所面临的压力，只有你进行创业实践才能感受到。广大大学生创业者必须知道，创业活动本身是一件成功率并不高的事情，只有极度自信和极度坚韧的创业者才能走到最后。有时候，运气和对趋势的把握也是创业成功的重要因素，并不是努力和狠抓细节就一定能创业成功。要有不得不接受创业失败的胸怀，以

及创业失败之后"东山再起"的心理准备。

（三）大学生创业的意义

1．大学生创业的自我意义

大学生创业是实现专业价值和自我价值的重要路径，从某种意义上来说，大学生自主创业在创业过程中实现了专业水平、社会能力和自我超越的综合提升。在某种程度上，大学生创业的自我意义大于社会意义，大学生创业的自我意义体现在以下几个方面：

（1）提供给大学生更多的兴趣选择

兴趣是最好的老师。从现行的教育制度和高考制度来看，很多学生到大学所学的专业并非他们的兴趣所在，将来若是从事完全不感兴趣的专业和行业，无疑是痛苦的。当代大学生崇尚个性和自由，也崇尚个体感受，并遵从自己内心的兴趣选择。因此，大学生创业为有兴趣方面需求的大学生提供了一条新的选择路径，并给予了自己更大的选择空间和奋斗空间。

（2）帮助大学生实现人生价值

人生价值对于每个人来说都是不同的，循规蹈矩是一种人生价值，"为往圣继绝学"是一种人生价值，推陈出新也是一种人生价值。当代社会变得越来越开放，对人生价值的维度和看法的包容性越来越强，主流价值观甚至把财富和社会地位作为价值判断的主要标准。在市场经济的熏陶下，更多大学生选择通过提升个人财富来实现人生价值的路径，因此，越来越多的当代大学生愿意通过创业来实现自己的人生价值。国家大力支持大学生创新、创业的各种活动，在这种社会主流价值的鼓励下，通过创业实现大学生创业者的人生价值相较于过去变得更加容易。

（3）明确大学生创业者肩负的社会责任

社会责任是每个时代赋予大学生的使命，在我国产业转型升级，国家鼓励创新创业的大环境和大背景下，大学生的社会责任之一是积极培养自己的创新意识和创新能力，并以自己的创新能力为社会提供服务、为社会创造财富、为社会创造就业机会。

大学生创业者可以通过自己在创新创业工作中积极的精神面貌，努力践行社会主义核心价值观，努力为实现中华民族伟大复兴中国梦而奋斗。从这个角度看，大学生的创新创业活动可以帮助大学生创业者完成其在这个时代背景下应尽的社会责任。

2．大学生创业的社会意义

增加创新创业活动，是中国当今社会发展的需要，因此，创业具有广泛的社会背景，是当下社会转型升级的需要。大学生自主创业有重要的社会意义，其意义主要体现在以下几个方面：

（1）更好地实现先进技术的实际转化

中国的产业转型和科技创新需要提高先进技术的转化率，需要在技术的产业化过程中赶上欧美等先进的发达国家，这是国家现代化的客观要求。高校是科学技术集中发展的区域，但很多先进技术只存在于专利说明和实验室中，高校相关教师、专家和学生原本没有动力和实力将这些技术产业化，并推向市场，但大学生创业和高校创业引入了这样的动力和激情，且产业资本的进入给予大学生创业更多的资金支持，因此，大学生创业可以更好、更快地实现先进技术的转化，为社会转型和经济转型提供更好的技术支持。

（2）创造更多适合年轻人的就业岗位

高校大学生创业除了可以解决自己的就业需求，对社会的重大贡献就是创造了新的就业岗位。我国人口众多，大学生就业形势严峻，需要有更多的就业岗位来解决社会就业的问题。鼓励大学生创业，创办高层次的创业企业，创造更多符合大学生的就业岗位，是大学生创业的附加产品。尽管大学生创业企业在规模上多数属于小微企业，按照目前的政策对小微企业的倾斜，小微企业的发展一片繁荣，创业公司先进的理念和对文化知识的需求也必然会给大学生就业创造更多的机会。

（3）增加社会财富并促进社会繁荣

创业成功常常伴随个人财富的增加，而创业本身就是增加社会财富的过程。一个创业企业为社会提供产品和服务的整个过程就是满足人民生活需要、为特定目标客户群体提供各种社会服务和社会产品的过程。期间，创业活动不仅解决了社会就业，还丰富了市场的供给侧，不仅为社会创造了财富，还创造了社会价值，同时，成功的创业企业还会给国家和地方增加财税收入。

（4）为大学生的求实创新提供更好的社会样板

大学生的人生观和价值观教育需要模范和榜样，大学生创业对其身边的人有较大程度的示范和引导作用，成功的创业经验会给其他大学生很大的鼓励，失败的经验也会给后来者以教训和启示。大学生创业的那种青春无畏、珍惜时间、努力奋斗以及求真务实的精神是大学生思想政治教育中不可多得的素材。诸多历史经验告诉我们，榜样的力量是无穷的。

（四）大学生创业所需的心理准备

大学生选择创业，不应该是一时冲动，应该对整个创业过程做好充分的心理准备。创业过程中，人是第一要素，创业者是第一要素中的核心要素，创业者在创业过程中要获得创业成功，不仅需要富有开创新事业的冒险精神，还要有面对挫折和失败的勇气，有及时反思和梳理细节的能力，有面对逆境迎难而上的魄力。在创业过程中，创业者要具备强大的心理素质，以解决和处理创业活动中出现的各种挑战和问题。因此，大学生创业者选择了创业，心理准备是十分重要的。

1. 创业前的心理定位

创业前的心理定位是创业心理准备的首要环节，如果创业前的心理定位不准确，出现价值偏差，那么创业活动本身对创业者来说就不再是一件快乐的事情。作为大学生创业者，首先要想明白一个问题，就是你通过创业想得到什么？是财富、社会地位还是安全感？表面上，这些东西通过创业成功都能够得到，但实际上你要付出的代价却十分"昂贵"。

（1）认知财富

在当今社会，个人财富已经成为价值观中显性的追求指标，也是很多创业者选择创业的原始动力。创业者以及未来成功的企业经营者在个人财富上可能会累积一定的积蓄，但很有可能再次投入到他们认为重要的事业中，他们可能在个人消费方面也面临着有点紧张的生活状态，人前显贵，人后受累是创业者的常态。真正通过创业完成上市和财务自由状态的创业者凤毛麟角，多数创业者以失败告终，有一部分创业者能够自食其力，只有一小部分创业者累积了超过平均收入水平的财富，但任何有质量的生活背后总是艰辛的。

（2）认知社会地位

人的社会地位是由自己和别人的尊重体现的。尊重，也意味着责任，常常是只有承担了一定的责任，才能获得与之相对应的尊重。社会地位与财富有一定的正相关关系，但有时因为创业者个人素质的原因，二者也会变得毫无关系。通过创业获得社会地位是个伪命题，在此过程中，通过创业创造财富、就业机会、社会价值等，创业者开始承担更多的社会责任，做出更多的社会贡献，才能获得相应的社会地位和尊重。

通过创业获取显赫的社会地位的概率很小，与创业成功一样，有很大的运气成分，更多的情况是"时势造英雄"。而通过创业获得客户、合作伙伴、员工的尊重和信任是创业者社会地位的具体体现。

（3）认知安全感

你认为创业能带来安全感吗？还是带来了极度不安全感？安全感本身是见仁见智的。一方面，有些创业者认为不用看老板或领导的脸色就是最大的安全感，因为可以自己做主，不用担心被炒鱿鱼了；另一方面，选择创业带来的可能是客户永远对你的产品不满意，可能是创业企业的流动资金永远那么紧张，可能是你的24小时都被创业工作所占据。相比之下哪个更安全？

对创业者来说，把一切准备工作做好，坦然接受一个又一个命运的挑战，及时解决市场、资金、生产、人才管理等问题，然后欣然等待成功或失败的结果才是最具安全感的。

（4）认知休闲感

影视剧里的创业者似乎都有大把的时间可以用来休闲，他们可以自由出入高档场所,参加年轻人认为高端、刺激的娱乐活动。而事实上,一旦你成为创业者就会发现,影视剧里所描述的休闲感是不存在的。如果你是一个理性的创业者,你就应该认识到,休闲感不是选择创业的目的。因为一个创业者的生活和时间将被创业活动所主宰,可能企业就是你的家,你必须时时刻刻如履薄冰。

(5)认知事业与家庭

事业和家庭是成年人生活的两大支柱,很多人在职业生涯的规划过程中都会考虑到事业和家庭的平衡,而一旦选择创业,很可能就意味着这种平衡将会被打破。创业活动无疑会占据创业者更多的时间和精力,尤其是在创业活动的初期,你可能不再会有那么多的时间与家人相处,也可能意味着你要以一种全新的方式同家人相处。通过创业获得的财富来获取幸福、美满的家庭生活已经被很多例子证明是不可取的。因为财富仅仅是家庭的物质基础,幸福美满的家庭更多倾向于感情的交流和投入。对年轻的创业者来说,很可能意味着组建家庭的时间要延后,尤其在创业刚开始时,你必须把大量的时间投入到创业工作中,这会占用大量与家人相处的时间,希望创业者早做准备。

2. 创业时心理素质的养成

事实上,创业者从创业开始就会被一种焦虑感缠绕,因为创业者时时刻刻都被资金、市场、产品、渠道等问题所困扰,有些问题会伴随企业的成长一直存在,改进和优化似乎永远没有尽头。因此,在具体的创业实践活动中,创业者一边投入创业事业中,一边养成强大的心理素质是十分有必要的。

那么在创业过程中，什么样的心理素质需要养成？又该如何养成？对广大大学生创业者来说的确是一个问题，有以下几点需要加以注意：

（1）创业成功的自信和战胜困难的坚定信念不可以随时间褪去

创业开始的直接诱因常常是创业激情，创业者通常是在激情驱使下开始创业项目的。而在面对创业困难时，激情和自信在困难面前常常变得比较脆弱，也常常会因时间的流逝而褪去。而对创业成功的自信，是创业者能够走到最后的最重要品质。自信是一种态度，更是一种生活方式，自信也是一种优秀的习惯。而自信的养成，需要创业中一件又一件小事的堆积和一个又一个小目标的实现。

所以，从本质上来说，创业项目的选择不怕小，怕的是好高骛远。从增强自信的角度看，先易后难，通过创业中的一个个小的胜利来累积自信，第一个纸面上的计划对创业者和创业团队来说更容易培养自信心，努力落实计划有助于创业者和创业团队自信心的养成。我们说的"不忘初心，砥砺向前"也就是这个意思，越是从困境中走出来的创业团队，信念越是坚定，在逆境中爆发出的能力更是惊人。

（2）创业的激情需要日常的创业分解目标来支撑

人无目标不立，创业企业同样如此，在创业道路上，目标宛若灯塔，是指引着我们前进的方向。为了保持长久的创业激情，创业团队成员必须为自己设立一系列的目标。

作为创业的核心，应该有很强的把大目标分解成小目标并逐一实现的能力，否则创业团队的创业激情很难持久。在目标完成的过程中，创业团队的核心成员必须有强烈的补位意识。所有的事情到最后都是我的事情，所有的麻烦到我这里终止，这才是一个创业者的情怀和心态。不断地完成小目标，创业的激情才能伴随创业团队的成功在企业中长存。因此，把大目标分解成小目标，并合理完成小目标的能力，是创业者在创业过程中必须要培养的能力。

（3）脚下看路，仰望星空

成功的创业者无不具有广博的见识、开阔的眼界和博大的胸怀。创业的工作分解到某一天非常具体，但在具体的工作面前千万不能被眼前的"苟且"蒙住了双眼。创业者的眼界有多宽，他的舞台就会有多大。眼界不仅仅表现在创业初期，很可能贯穿整个创业者的创业历程。阅读、考察和反思都是创业的重要途径，集中反思是最重要的，懂得反思的创业者才能有效地开阔自己的知识和技能边界。

创业者的心胸决定了你能够经营多大的盘子，心胸开阔、从善如流都是成功创业者需要具备的重要品质。有自信但不自满，面对有挑战的工作才能时刻保持清醒的头脑，从而认识到自己的局限性和终身学习的必要性，并因此对机会保持饥渴和谨慎的态度。心胸也是可以培养的，天生的性格并不是阻碍你拥有开阔心胸的要素。在创业中表现一个创业者的心胸，莫过于平时与创意合作伙伴的沟通技巧，这种沟通技巧是可以提升的。很多成功的创业者在日常的沟通过程中通常倾向于提问而非陈述，时时做好倾听的姿态，愿意倾听来自他人的意见、建议和批评，并根据新的经验和体验修正固有的思维模式，进而完善企业的盈利模式和运营模式。

（4）敢于担当，做事果决

敢于担当、做事果断是优秀创业者应该具备的重要品质，也是创业团队在面临逆境时，团队核心能够带领团队走出逆境、创造辉煌的重要因素。传统的中国式教育方式在这方面能力的培养中有着明显的欠缺，无论是家庭还是学校都倾向于安全管理，而忽视了培养个人敢于冒险和果决决策的能力。在普通的职场环境里，难以决断的事情通常会请教上司或领导，哪怕你可能承受一定的风险和责任，但相对有限。创业则不同，尤其作为创业团队核心，你可以依靠自己的创业伙伴，但你无法依赖他们，一切都要靠你自己，一切的结果取决于你当时的决断。你需要对自己负责，对团队负责，对企业负责。这时，你就必须培养分析和独立决策的能力，必须制订工作计划，并随时根据趋势变化改变工作计划，必须对时间进行详细的规划和打理。

因此，作为大学生创业者，在创业之前就学会时间管理是非常重要的。在平时的生活中，独立分析能力可以在专业学习中获取和培养；而全面的观察能力，要在小事中处处留心和注意；情绪的控制能力，要在日常与人沟通的过程中培养，努力树立"不以物喜，不以己悲"的生活态度，凡事不被情绪所掌控，根据客观事实来判断事情本身，而不是被他人的态度和情绪误导。

（5）学会看趋势，懂取舍，并专注自己的创业目标

趋势常常代表事物发展的方向。创业过程中，学会判断方向很重要，顺势而为就会做起来比较容易，创业活动也一样。因此，年轻的大学生创业者需要花时间去研究政策方向、行业现象、产品趋向等趋势性事件，看清政策大势、厘清市场形势、分析具体形势。努力站在政策、市场和行业的风口。但事实上，政策、市场和行业的风口并不是做到这些就可以把握的，而且经常会被有经验的创业者抢了先手。因此，懂得专注自己的领域和目标，对大学生创业者来说尤为重要。

在日常的生活和学习中，从小到大，我们习惯于做加法，不断的给自己累加人生目标。而事实上，在创业的过程中，尤其在创业初期，以及创业的每一个关键的转折环节，懂得做减法，更加重要。作为新的创业者，我们要懂得取舍，专注于自己的一个方向，把一个方向的事情做好，比你把精力投入到十个方向，最后效果一般要重要得多。创业企业通常规模较小，资金、人力资源和市场渠道等创业要素都相当有限，因而专注于一个领域，运用好团队有限的资源，用心去探索领域内的相关规律，专注于产品和品牌，会取得更好的效果。这样做对企业管理有以下好处：

①能够集中资金，减少了项目因资金链断裂而失败的可能性，从而降低企业的运营风险。

②保持品牌方向维度的稳定性，让品牌的声誉和知名度向一个方向累积，进而集中力量让美誉度得到明显提升。

③有利于客户情感认同的不断强化，集中资源强化品牌的认同感和依赖性，这一点对在移动互联网时代中生存的企业更加重要。

④有效加强创业团队的专业能力，因为整体的产品开发和服务方向相对专一和稳定，团队在这一方向的经验和技术将会不断累积。随着专业性的不断加强，创业团队的运营和管理成本会大幅下降。

（6）牢记诚信，学会分享

参与社会和商业活动，最大的成本其实是信用成本，从古至今，做事经商都讲诚信，而对人诚信的基础就是有爱心和责任心。从某种意义上说，创业本身是责任心的体现，包含对员工的责任、对团队成员的责任、对股东的责任以及对客户的责任。一个有责任心的创业者，通常懂得与他人分享成果,与员工分享利益,并通过分享增强员工的忠诚度;懂得和团队成员分享收益,并通过分享调动创业团队成员的积极性;懂得和客户分享成功的喜悦,这样才能在情感上赢得客户的认可度。

作为大学生创业者,要在平时的学习和生活中培养诚信做事的习惯,并学会算大账,不算小账。掌握好分享和盲目慷慨之间的度。

(7)学会放下,快速调节你的情绪

绝大多数创业者的创业历程都不是一帆风顺的,创业的道路往往与孤独和挫折为伴。创业者如何在逆境中保持乐观而稳定的心态,是至关重要的,出现问题和挫折就怨天尤人、萎靡不振并在创业团队成员之间相互推诿,那么创业团队很快就会分崩离析。在创业过程中遇到挫折时,应首先用具体问题具体分析的方式来解析这个问题到底出在哪里,而不是盲目的联系前后因果;如果具体出现的问题是很多事情的累积而造成的,那么创业者应该系统性地思考,之前的创业过程中哪些问题考虑不足造成了现在的问题。应该着重解决当下的问题,如果当下问题本身会对整体项目造成直接的危害,那么可以将现在的问题放一放,在日后的流程中着重解决这些问题。创业者应该知道业精于勤、学无止境,对创业工作的优化应该伴随着创业的整个过程,因此,学会放下非常重要。在放下的同时,应该快速调整情绪,不让自己的情绪影响团队的其他成员,不影响自己正常的生活和工作。

作为大学生创业者,应该在日常的学习和工作中学会正确管理自己的情绪。不要在盲目从众中放大自己的情绪。在日常的小问题、小困境出现时学会冷静分析,及时解决,而不是马上埋怨,把失败的理由推给他人。

(8) 心动不如行动，想干不如马上干

快速行动的能力被认为是当代创业者应有的重要能力之一。从创业本身来说，想到同一个项目的人很多，而把同一个项目落实到创业计划书上的人通常只有 10%，按照创业计划书推进实施的团队只有 2%，而最后成功的人不到 5‰。因此，成功的创业者从来不会让创业的一时心动停留在脑子里，停留在创业计划书里的静态项目不能称作创业项目。真正的创业，就是想到之后马上做，马上在各个细节落实自己的想法，并按整体的策略推进项目，按固定的节奏在每个时间节点验收项目。

因此，作为大学生创业者，需要在大学的学习和生活中养成想到事情马上做、今日事今日毕的良好习惯。在学习和生活中，学会制订计划表和时间表，并按照计划表和时间表进行自己的工作和生活，清楚自己应该在什么时间节点验收自己的学习计划和生活计划，以此培养自己迅速行动的能力。

（五）大学生创业者的自我评估

当下的社会氛围给了大学生创业巨大的鼓励和宽容，一些有进取心的大学生常常都在问自己一个问题——我适合成为创业者吗？大学生创业包括在校创业和毕业时离校创业，走的道路和时间安排各有所不同。但实质上，大学生走上创业的道路，并努力成为成功的创业者，自己需要对将来的职业道路有所规划，对自己在创业活动中所扮演的角色有所定位。

成功的创业者应该对创业道路有清晰的规划，大学生创业者自然也不例外。以下十个问题能够给创业者提供相关的创业思路，并测试它们是否已经为创业活动作了合适的心理、意愿和现实准备：

（1）你是否有一个能够振奋人心的愿景？这个愿景必须是远大且清晰的，除了能使自己兴奋，也能激发他人追随你一起创业。

（2）你是否有强烈的创业企图心？唯有强烈的企图心才能化为持久的行动力和坚持的毅力，没有强烈企图心的人恐怕是不太适合创业。

（3）你是否勇于承诺？是否愿意承担风险、愿意吃苦耐劳？能够勇敢地在公开场合向大众做出承诺的创业者，他的决心与行动力就不会令人质疑。

（4）你是否看到一个有潜力的市场机会？该机会必须是一个潜力够大且在未来能够被实现的市场机会，当然也需要能够估计实现市场潜力所需要的时间与资源条件。

（5）你是否能够提出一个明确、可行且能够结合市场机会的创业构想？这个创业构想必须要具有一定程度的创新且能带来市场竞争优势。

（6）你是否发展出一个能够创造利润的创新经营模式？是否能够描述经营模式中顾客界面、核心策略、资源能力、价值网络等各要素的内涵与可能创造利润的方式？

（7）你是否拥有足以判断产业相关技术与产品发展的专业能力？

（8）你是否拥有足以经营、管理一个新生企业发展的经验与能力？

（9）你是否拥有足以带领团队前进的领导与沟通能力？

（10）你是否拥有能够协助企业取得各项必要资源的网络关系能力？

第二节　创业社团

现代创业工作要求专业整合，一个人很难满足创业的所有条件。现实中你可以看到，每家创业企业、每个创业的商人都在讲团队，团队并不仅仅是一群人构成的一个组织。创业团队有它的内在含义和特有概念。

一、创业团队的含义

（一）创业团队和一般群体的区别

我们经常混淆群体和团队的概念。群体是两个以上相互作用又相互依赖的个体，为了实现某些特定目标而结合在一起。群体成员共享信息，作出决策，帮助每个成员更好地担负起自己的责任；团队是指一种为了实现某一目标而由相互协作的个体所组成的正式群体。是由员工和管理层组成的一个共同体，它合理利用每个成员的知识和技能协同工作，解决问题，达到共同的目标。

从以上两个概念的解释我们可以看出，群体和团队的概念是有一定区别的。我们可以这样理解，群体是团队的最初形成阶段或者说是低级阶段。群体可以缩小与团队之间的区别，向团队过渡，主要需要缩小的区别有以下几点：

1. 领导方面

群体应该有明确的领导人；团队可能就不一样，尤其团队发展到成熟阶段，成员可以共享决策权。

2．目标方面

群体的目标必须跟组织保持一致，但团队中除了这点，还可以产生自己的目标。

3．协作方面

协作性是群体和团队最根本的差异，群体的协作性可能是中等程度的，有时，成员还有些消极，有些对立；但团队中会有一种齐心协力的气氛。

4．责任方面

群体的领导者要负很大责任，而团队中除了领导者要负责，每一个团队的成员也要负责，领导者和成员要相互作用、共同负责。

5．技能方面

群体成员的技能可能是不同的，也可能是相同的，而团队成员的技能是相互补充的，把不同知识、技能和经验的人综合在一起，形成角色互补，从而达到整个团队的有效组合。

6．结果方面

群体的绩效是每一个个体的绩效相加之和，团队的结果或绩效是由大家共同合作完成的。

在现代社会竞争中，创业团队是适应新的业态竞争形态而形成的，具有一定章程和组织形式组织起来的以独立法人形式从事企业或事业经营活动的创业组织。团队成员具有核心价值，各有分工，相互之间又有整合；并依靠团队力量凝聚社会资金、技术和渠道，按照现代企业制度开展经营，凭借创业团队对项目的日常经营获取效益。

（二）创业团队的组成要素

在此可以按照团队的 5p 概念来理解什么是创业团队：

1．创业目标

创业团队有一个明确的目标，目标引导团队成员的思想和行为。没有目标，团队就没有存在的价值。

2．创业人员

人是构成创业团队最核心的力量，三个或三个以上的人就可以构成团队。

目标是通过人员具体实现的，所以人员的选择是创业团队中非常重要的部分，在一个团队中可能需要有人出主意，有人定计划，有人实施，有人组织、协调，还有人监督团队工作的进展，评价团队最终的贡献，不同的人通过不同的分工来共同完成团队的目标，因此，在人员选择方面要考虑到人员的知识、能力和经验、技能是否互补。

3．创业团队的定位

创业团队的定位包含两层意思：一是创业团队的定位，确定团队在企业中处于什么位置，由谁选择和决定团队成员，团队最终应对谁负责等；二是个体的定位，对团队成员进行明确分工，确定各自承担的责任。

4. 权限

在创业团队中，一是团队领导人的权力。团队领导人的权力大小与创业团队的发展阶段相关。一般来说，在创业团队发展的初期，领导权相对比较集中，团队越成熟，领导者拥有的权利相应越小。二是团队权力。要确定整个团队在组织中拥有什么决定权，比如，财务决定权、人事决定权等。

5. 创业计划

计划是对达到目标所做出的安排，是未来行动的方案，可以把计划理解成目标实施的具体工作程序。

二、成功创业团队的特性

成功的创业团队及其运作一般具备以下几个特性：

（一）团队凝聚力

团队是一体的，成败是整体的而非个人的，成员间能够同甘共苦，经营成果能够公开且合理地分享，团队就会形成较强的凝聚力。每一位成员都应将团队利益置于个人利益之上，而且要充分认识到个人利益是建立在团队利益基础上的，团队中没有个人英雄主义，每一位成员的价值，表现为其对于团队整体价值的贡献。成员愿意牺牲短期利益来换取长期的成功果实，而不计较短期的薪资、福利和津贴，将利益分享放在成功以后。

（二）与创业团队共同成长

团队成员保持对企业长期经营的信心，对企业经营成功给予长期的承诺，每一位成员都要了解企业在成功之前将会面临的挑战，并承诺不会因为一时的利益或困难而退出，同意将股票集中管理。如有特殊原因提前退出团队的成员，必须以票面价值将股权转让给原公司团队。

（三）企业价值发掘

团队成员致力于创造新企业的价值，认为创造新企业价值才是创业活动的主要目标，并认识到唯有企业不断增值，所有参与者才有可能分享到其中的利益。

（四）股权分配合理

平均主义是不合理的，团队成员的股权分配不一定要均等，但需要合理、透明、公平。创始人与主要贡献者会拥有比较多的股权，但只要与他们所创造的价值、贡献上相配套，就是一种合理的股权分配模式。如果一家创业公司的五位成员以平均方式各拥有20%的股权，但其中两位几乎对新企业的发展完全没有贡献，这样的创业团队其实是不健全的，也难以吸引外部投资。

（五）利益分配公平有弹性

创业之初的股权分配与以后创业过程中的贡献往往并不一致，会出现某些具有显著贡献的团队成员拥有股权数较低，贡献与报酬不一致的不公平现象。因此，好的创业团队需要有一套公平、有弹性的利益分配机制来弥补上述不公平现象。例如,新企业可以保留10%的盈余或股权,用来奖赏以后有显著贡献的创业成员。

(六)成员能力搭配合理

能力搭配的要求不是完美,而是合理。创业者寻找团队成员,应该基于这样的考虑,主要是弥补当前资源能力上的不足,也就是说考虑创业目标与当前能力的差距,来寻找所需要的配套成员。好的创业团队,成员间的能力通常都能形成良好的互补,而这种能力互补也有助于强化团队成员间彼此的合作。

组建创业团队不是一蹴而就的,往往需要在新企业发展过程中逐渐形成完美组合的创业团队。在这一过程中,创业成员也可能因为理念不合等原因,在创业过程中不断替换。有人统计,在美国,创业团队成员的分手率要高于离婚率,可见团队组建的不易。虽然有诸多不易,团队组成与团队运作水平对创业集资与创业成败都具有关键性的影响力,因此,创业者必须重视如何发展创业团队的问题,并培养自己在这一方面的能力。

建立优势互补的团队是创业的关键。团队是人力资源的核心,"外部管理"和"内部管理"需要不同的人才,公司也需要有耐心的"总管"和具有战略眼光的"领袖",产品的成功需要技术与市场两方面的人才。创业团队的组织还要注意个人的性格与看问题的角度,如果一个团队里有总能提出建设性、可行性的建议或一个能不断地发现问题的批判性的成员,对创业过程将大有裨益。

(七) 成员之间的互信

猜疑会令创业团队瓦解。据调查,近年来,中关村每年的企业倒闭率在25%左右,其中很重要的一个原因就是创业团队内部不团结。而建立和维护创业团队成员之间的信任,简单地说,一是要增强信任,二是要防止出现不信任,避免信任转变为不信任。信任是一种非常脆弱的心理状态,一旦产生裂痕就很难缝合,要消除不信任及其带来的影响往往要付出巨大的代价,所以防止不信任比增强信任更重要。

一般来说,创业者在选择创业伙伴时主要考察对方的人品和能力。相对于能力而言,人品更加重要,它是人们交往与合作的基础,也是决定一个人是否值得信任的前提。在创业团队中,人们注重的人品主要有:成员是否诚信、成员的行为和动机是否带有很强的私心等。另外,团队成员要对集体忠诚,彼此以诚相待、公平相处,误会和猜疑产生时应及时沟通,避免越积越多而不可收拾。

(八) 创业热情长久保持

作为创业者,一定要选择对项目有热情的人加入团队,并且要使所有人在企业初创时期做好每天长时间工作的准备。任何人,不管他(她)的专业水平多高,如果对事业的信心不足,将无法适应创业的需求,而这样一种消极的因素,对创业团队所有成员产生的负面影响可能是致命的。创业初期,整个团队可能需要每天十六个小时不停地工作,要在高负荷的压力下仍能保持创业的热情。

短时间内的热情并不算什么,创业者要在长时间的工作磨合、矛盾积累和解决项目成功与失败之间长期保持对创业前景的乐观,保持对产品的持续改进，保持对共同愿景的持续守望。

三、创业团队的类型

一般说来，按照国际通例，创业团队大体上可以分为三种。在此我们分别把这三种团队称为：星状创业团队、网状创业团队和从网状创业团队中演化来的虚拟星状创业团队。这和国际互联网网络拓扑结构极其相似。

（一）星状创业团队

在团队中一般有一个核心主导人物，这个人物充当了领军的角色。这种团队在形成之前，一般是核心人物有了创业的想法，然后根据自己的设想进行创业团队的组织。因此，在团队形成之前，核心人物已经就团队构成进行过仔细的思考，根据自己的想法选择相应成员加入团队，这些加入创业团队的成员也许是团队核心以前熟悉的人，也有可能有其他新人加入的情况，其他的团队成员在团队中更多时候是支持者的角色。这种创业团队有以下几个明显的特点：

①组织结构紧密，向心力强，主导人物在组织中的行为对其他个体影响巨大。决策程序相对简单，组织效率较高。

②容易形成权力过分集中的局面，从而使决策失误的风险加大。

③当其他团队成员和主导人物发生冲突时，因为核心主导人物的特殊权威，使其他团队成员在冲突发生时往往处于被动地位，在冲突较严重时，一般都会选择离开团队，因而对团队的影响较大。

（二）网状创业团队

这种创业团队的成员一般在创业之前都有密切的关系，如同学、亲友、同事、朋友等，大家会根据各自的特点进行自发的角色定位。因此，在企业初创时期，各位成员基本上扮演着协作者或伙伴的角色。

这种创业团队有以下几个明显的特点：

①团队没有明显的核心，整体结构较为松散。

②组织决策时，一般采取集体决策的方式，通过大量的沟通和讨论达成一致意见。因此，组织的决策效率相对较低。

③由于团队成员在团队中的地位极其相似，容易在组织中形成多头领导的局面。

④当团队成员之间发生冲突时，一般都采取平等协商、积极解决的态度消除冲突，团队成员不会轻易离开。但是，一旦团队成员之间的冲突升级，使某些团队成员撤出团队，就容易导致整个团队的分裂。

（三）虚拟星状创业团队

这种创业团队是由网状创业团队演化而来的。基本上是前两种的中间形态。在团队中，有一个核心成员，但是该核心成员地位的确立是团队成员共同协商的结果，核心人物从某种意义上说是整个团队的代言人，而不是主导型人物，其在团队中的行为必须充分考虑其他团队成员的意见，不像星状创业团队中的核心主导人物那样有权威。

四、创业团队的优势和劣势

(一) 创业团队的优势

从概率上来说,现代创业中,团队创业比个人创业更容易成功,但常常也是因时、因事而言的,创业团队并不是创业中的唯一选择。但相对于个人而言,创业团队在以下几个方面更容易体现出其优势:

1. 资源优势

创业团队的选人标准之一就是互补原则,因此,创业团队中的各个成员应该具有不同的知识结构、专业背景、成长经验和社会资源。这些个体资源的集合和加成要比单个创业者丰富得多,从而能够从深度和广度上,全面、有效地帮助创业团队解决项目面临的很多问题,从而提高创业成功的可能性。资源的优势更加体现在创业团队可以解决个人创业在时间和精力上的不足,避免一个人在时间和精力的压力下过度决策而造成相关的损失。

2. 团队创新优势

个人的创新常常集中在某一专业领域,并伴随认知的缺陷,而这些认知的缺陷常常是投入市场所要解决的认知问题。团队的开发和对产品的探讨能很大程度上解决这样的认知问题。团队可以把多种创新资源、技能和知识糅合在一起,从而增加技术创新成功的可能性,同时伴随对产品的使用、定位、改进等方面的探讨,增加了产品成功投放市场的可能性。在此过程中,团队内各个成员具有的不同思维方式、信息获取渠道和使用体验标准,使创业团队比创业个体更能发现创新点来满足客户的需求,进而在赢得商机方面更能体现团队创新的优势。

3. 决策优势

科学的决策本身并不是一次拍板,然后再将决策任务分解,而辨析决策中的各个要点。分工是团队成员之间的工作状态,合理的分工可以获取与决策有关的必要信息,并从各自专业的角度解读决策要素的内容,对最终整合决策的科学性有着非常好的提升。通过决策任务的分解,可以为创业团队领袖腾出思考企业战略的时间,从而为决策提供更好的时间保证。同时,在内部的决策会议中,团队成员也会为最终决策提供自己的意见和建议。

4. 集体绩效优势

创业团队的绩效优势,类似于生产中的规模效应。一旦创业团队形成工作合力,其工作绩效大于所有个体成员独立完成工作时的绩效之和,1+1 远远大于 2 的情况就会出现。团队合作之间的乘数效应开始逐步体现,其类似于现在高铁和动车组采用的技术——动力并不是完全由火车头带来的,在行进过程中每节车厢都自带动力,才会在高速行进的过程中产生速度的乘数效应,确保高铁达到高速时的速度和安全。

(二)创业团队的劣势

团队的优势很多,然而创业团队也具有一些劣势,其劣势主要表现在决策的速度上。现代企业竞争往往抢的是时间点,行业的时间窗口一旦关闭,再好的产品也很难找到合适的市场。比如,在 2014 年之后进入智能手机市场,就不是一个很好的时间点。而集体决策是为了共同商讨、统一意见，可能导致时间成本增加，拖延决策速度，在协调内部意见的过程中往往会搁置项目中很有必要马上完成的部分，这时候集体决策不如个人决策来得快。

在创业的决策方面，也有相关的悖论，类似"真理往往掌握在少数人手中"。创业者在创建创业团队和依靠创业团队的同时，不能完全依赖创业团队，需要在创业的决策方面表现出一定的个人意志和个人魄力。

五、创业团队的建立和形成

组建优秀的团队是优秀创业者的主要能力之一。一个优秀、强大的创业团队的基石在于远景目标和共同信仰，在这个人人都讲现实的环境中提出一套能够凝聚人心的创业远景和经营理念，并让你的核心团队成员所接受，最终形成具有共同目标的企业文化，是一个优秀创业者的人格魅力和创业能力的体现。

（一）如何组建优秀的创业团队

大学生在校期间的创业一般属于创业初期的团队组建，相较于具有创业经验的创业资深人士，创业初期的团队组建相对比较简单，但不意味着可以随心所欲，仍需要遵循团队组建的基本规律。

1. 成员之间彼此了解

创业初期，尤其是在校大学生创业，创业团队的所有核心成员之间应该非常熟悉，并知根知底。团队成员应该非常清醒地认识到自身的专业和性格的优势与劣势，同时对加入创业团队的其他成员的长处和短处也应十分了解，这样才可以最大限度地减少和避免成员之间因为相互不熟悉引发各种矛盾和内耗。创业团队一开始就把主要精力集中在项目本身和产品本身上，并在团队形成初期就拥有很好的团队向心力和凝聚力。

这里说的彼此了解并不仅仅是浮于表面的了解，熟人社会思维是中国存在了超过两千年的传统，但熟人远不等于了解。在校大学生寻找彼此了解的人，常常基于一些共同爱好，比如，共同喜欢某项运动，在共同爱好中可以看到成员伙伴的行事风格和性格特征。或者成员之间曾经经历过一些影响相互了解的意外事件。以上都可以成为成员之间彼此了解的一些途径和元素。

2. 成员之间互相信任

成员之间的相互信任很重要。当代大学生受到社会、家庭教育和应试教育各方面的影响，信任同学和教师似乎变得比过去更难。有很多现实的利己主义者的事例，也有对小事耿耿于怀的各类寝室矛盾存在于高校的每个角落，彼此之间的相互猜疑已经成为高校学习生活的一部分。但这绝对不是一个好的创业者的心态，如果你希望成为一个优秀的创业者，你需要在自己的学习和生活中学会信任自己的伙伴，并在将来的工作和生活中放心地把自己的侧翼交给他或他们。

要建立和维护创业团队成员之间的信任，简单来说是要营造一种信任的氛围，一是要增强信任，二是要防止出现不信任。信任本身是一种非常脆弱的心理状态，一旦产生裂痕就很难愈合。团队之间的裂痕一旦出现就需要弥合，所做的工作远远大于一个信任氛围的创建。中国传统文化中对创业者的描述有"财聚人散，财散人聚"的说法，作为一个草根创业者，在创业初期要学会让渡一部分利益给你的团队成员。在此过程中，通过对利益的看法，对创业伙伴的人品和能力有所了解，并在工作中建立互信。尽量把利益都放在桌面上，尽量把可以预见的好处都体现在合约里，这更适合、也更符合当下大学生为人处事的心态。

3. 经营理念一致，愿景目标相同

创业本身是对愿景的经营，因此，所有团队成员必须认同大家共同确定的创业目标、分配制度、管理制度、企业发展大体战略、经营理念以及企业文化等。对创业团队和创业项目保持以长期经营的信心，而非短期的投机，这点非常重要。想短期套现后就走人的合作者，一般难以避免地走入了思维的短视，且会影响到创业团队和企业本身的长期发展。

团队成员有必要意识到，团队一旦作出决定就是一致性的行动，成败都是一致性行动下的结果，而非个人决定的结果。团队的成员为了愿景目标的实现，应该同甘共苦，必须在绝大多数时候将团队利益置于个人利益之上。

团队所有成员应该对工作抱有长期的热情，并将这种热情一点一点地分解到日常扎实的经营活动和产品开发活动中，并在遇到困难时相信你的团队伙伴，他会是你强有力的依靠。这就是我们常说的"不忘初心，砥砺向前"。

团队成员应了解创业成功之前将会面临的挑战，理应承担自己的责任，不会为一时的困难而退出团队。如有特殊原因需要退出团队，应告知全体成员，并合理处理自己在团队中占有的股权。

4. 能力叠加，性格互补

一个创业团队要找什么样的人加入，是创业者首要考虑的基本问题。

一般来说，创业团队的建立要秉承成员之间能力上互补、性格上互补的基本准则。而这通常是在校创业比较难的。在大学期间，创业伙伴之所以能走到一起，一般有着相同的爱好和类似的性格。而通常情况下，创业者大多数考虑到的是专业的互补，一起创业之后才发现同样一类性格的人在团队中会产生认知盲区。

对初创团队来说，团队中非常需要以下几种人：

①一位很好的团队领袖。这样的创业者能够高瞻远瞩，能够为团队和项目制订明确的战略战术。他有较好的品格、开阔的胸襟，处事公正、令人信服，他还拥有较好的协调能力，能够及时化解团队成员之间的矛盾，能够适时处理外部矛盾，保证创业团队走在正确的轨道上。

②一位很好的办公室主任。这样的创业伙伴，主要负责团队的日常运营以及各项规章制度的制订。创业开始之后，日常事务非常琐碎，这样的一位"大管家"必须心思缜密、工作细致地处理日常事务，并发现一些被团队领袖忽视的问题。

③一位优秀的财务总监。对初创企业来说，现金流被视为企业的生命线，这样的一位合作者能够帮助团队安排好收支，并通过其他的渠道为企业融资。

④一位"生猛"的营销总监。创业企业的营销能力不能按部就班，营销的手法越是生猛，捕捉市场的能力越强，产品变现、资金回笼的速度就会越快。在这种情况下，创业企业的爆炸式发展、营销网络的病毒式延伸、企业对竞争对手的弯道超车才有变成现实的可能性。

能力叠加、性格互补这样的条件在创业实践过程中是可遇而不可求的，如果真的要创业，一定要等到这样的条件出现才可以建立创业团队。

创业团队的建立和完善遵循的是一种动态的平衡原则,创业者会在创业的过程中逐渐通过经验和自己的成长调整自己性格中的缺陷,创业成员也会在与创业者的合作中逐步找准自己的定位,创业团队才可能有新的成员加入来弥补创业团队在专业或是在管理方面的短板。创业团队成员能够先动起来,并在行动中进行动态调整,行动能力的提高和工作性格的改善才是初创团队最需要的。

(二)如何在竞争中优化创业团队

创业团队的组建不是一劳永逸的,一个优秀的创业团队是在外部和内部的不断竞争和更替中打磨出来的,是具有战斗意志和合作精神的一群人组成的。因此,在创业团队组建之后,不断优化团队成员,不断优化团队合作,不断优化团队之间的整合是成为优秀创业团队的必由之路。

笔者建议在团队的优化过程中做好以下几方面工作:

1. 推动团队制度层面的行动整齐一致

虽然创业团队成员有着对创业愿景的共同目标,但这并不意味他们的工作思维和工作方向都在一个频道上。创业团队建立初始,如果团队成员之间的磨合越来越好,基于项目和共同目标的行动方向越来越一致,就更需要把这样的一个好的工作方式推入制度层面。在将来的团队发展中,一定有新的成员加入,一定伴随着新的工作矛盾,会影响到团队行动的一致性,所以建立一种成文的内部机制,从而形成相关的企业文化,对创业团队的发展来说至关重要。

创业团队一旦壮大,组队并行、对准方向这样的工作状态,就不能仅靠自觉,而是需要制度上的保障。具体从团队工作上说,保持一致是指既要保持内部的一致，又要有一个面对客户的统一流程。团队成员需要对所做的事业有一个完整的理解和清晰的认知。

2. 优化主次

在团队的优化过程中，对主次的优化是创业团队在未来发展中保持竞争优势的一个非常必要的方面。在团队工作中，帮助团队成员理清任务的先后次序是创业者的核心责任，创业者应该向创业团队成员传达项目的核心任务，并让他们充分理解自己的负担和背负的压力，然后让每个人把要做的事情都列举出来，团队成员共同决定这些事情完成的先后次序。

在现代竞争中，要一个人做好所有事情是不现实的，不仅要把列表中的工作做完，而且要用一种高质量、高效率的方式来完成，把精力集中在最重要的任务和对公司影响最大的任务上。创业者需要帮助团队主要成员理清以下几个问题：

（1）什么是当下最紧急、最重要的任务？

（2）什么是需要去马上解决的短期任务？它和最重要的任务之间有没有关系？

（3）什么是将来战略发展的储备任务？它和当前最重要的任务之间是什么关系？

创业公司在学习和竞争过程中，会慢慢地形成制度化和规范化做事的原则，他们常常会向大公司"取经"，但却会在不经意间按照大公司的模式来做所有的事情。作为一个创业团队或者创业公司，必须意识到以下三个问题：

（1）我们不是一家大公司。

（2）无论是团队领导者还是团队成员都不能创造并维持很多复杂的流程。

（3）有许多庞大的流程实际上是非常低效的，我们有没有不必要的烦琐程序？如果有的话，尽量减少它。

3. 营造团队成员之间正向反馈

一个创业者在控制创业风险的同时，常常伴随的是对创新的扼杀。创业团队建立之后，会经历一系列的工作运转，成员之间难免会遗留一些矛盾，如何让这些矛盾在工作中得以化解，是团队领导所要考虑的重点问题。同时，作为创业团队的领导者，在化解矛盾的同时，要鼓励员工利用多元性的思维和方法去解决问题，尤其是那些富有创造并有娴熟技能的员工，只要他们的反馈是专业的，且有利于客户，创业团队领导者就应该鼓励这样的团队成员进行正向反馈。也可以通过会餐或者户外活动等非正式的沟通场合来进行坦诚的反馈，并在这些活动中接受成员提出的有建设性的建议。

4. 保持稳定而集中的沟通

对于一个团队来说，一个很重要的元素就是稳定的沟通。不论是电子邮件、电话会议、面对面会议还是网络会议，开放的沟通渠道对公司的成功至关重要。对于初创的创业团队，保持核心成员之间面对面沟通的比率是优化沟通的关键，无论是冰冷的电子邮件、将讨论拉入各种各样的虚拟群或电话、视频会议，都很难达到面对面沟通的效果。让团队成员感受到真实的喜、怒、哀、乐，感受到你对项目以及工作真实的情绪反馈，是保持稳定而集中的沟通的前提。

5．用"利润"和"任务"衡量机会

对于创业公司来说，正常的扩展业务是好事。业务扩展也是充满压力和机会的过程，在这一过程中，有必要让团队时时刻刻感受到来自公司的支持。"利润"和"任务"是我们关注的两个方面，每当面临新的机会，自问"这个机会是否和我们的任务一致？"以及"是否和我们的利益相冲突？"这两条里只要有一条不符合，就说明现在还不是抓住这个机会的时机。

6．树立积极寻求解决措施的团队态度

创业企业的快速扩张会给团队带来巨大的压力，团队成员被繁重的工作分散精力，很容易变得人心涣散。这样消极的态度对解决问题无济于事，相反，它会把注意力从寻找解决方案转化到问题本身，从而带来更大的压力。团队成员间要树立一种共同面对困难的态度，理清思路，共同解决问题。

7．关心员工的个人生活

与大公司相比，创业公司成员之间的沟通成本低，因此更应该重视和关心员工的个人生活，这样不仅能提高员工的工作效率，明确员工的主人公身份，而且能产出更多的工作成果。实践这一观点可以有不同的做法，比如，在工作时间和地点的选择上给予员工充分的自由，相信员工能实践出一条最适合自己的工作方式。在条件允许的情况下，要让创业团队成员有一定的决策权，要让他们在团队中获取实际利益，并就此在团队成元间建立长期信任，提高成员对企业的忠诚度。

8. 建立相对平等的团队环境

对初创公司来说，应当建立和传统公司不同的体制。在传统工作环境下的上下级关系是员工压力的来源，而给所有人平等的地位，创造平等的工作环境，能营造充满正能量的工作氛围，减少创业成员对公司体制的抵触情绪。建立平等的工作环境，还依赖于人员招聘时的透明度、人员任用时不任人唯亲和及时、有效的沟通，这样才使扁平化的组织形式成为可能。

9. 创业团队成员之间分工明确

减少初创公司压力最有效的方法是给每个员工明确的分工，比如，给他们每人的工作任务建立列表，在开会时将其分享给所有人，这样大家都知道彼此的工作任务。列表应当保存在公共文件夹中，这样员工对责权有异议时，只要打开表格查阅即可。通过这种方法，不仅能让员工了解公司结构，而且能让每个人都专注于自己的责任。这种明确的分工并不是静态的，而是随着创业团队的发展动态变化的，创业团队要在动态的过程中充分考虑到动态的平衡和授权，努力让团队成员觉得分工的细微变动不是工作的增加，而是工作的相关调整，是团队成员彼此分担，而非只针对个人。

（三）如何防止核心创业团队的分裂

创业团队的分裂，是大家都想避免却常常无可奈何的事情。面对数不胜数的创业案例，我们感叹创业团队成员共甘苦、共发展的不易，也感叹好的创业团队瞬息之间就土崩瓦解。创业团队的稳固是有方法的，创业团队的解散不能简单地用宿命论来定义。以下几点是一些关于防止创业团队出现分裂的建议：

1. 以正确的理念指导团队

凡事不虑胜而虑败，虑事周详，自然是一个很好的工作习惯，但是四平八稳的工作方式，对指导创业团队来说有可能是不合适的。创业本身就是最高难度的工作，创业项目的成功自然概率极低，因此，在鼓舞团队时不能盲目地以保守的态度来教育团队成员，应该鼓励团队成员多去创造，多去争取，多去突破。鼓励创业团队做一家有态度的百年公司，而不是以短期合作的心态来看待创业团队的共同工作。

2. 持续不断的团队沟通

项目开始的时候沟通便开始了，遇到问题时要沟通，决定如何解决问题时要沟通，成员有矛盾时要沟通，有创意、有畅想之后也要沟通。能够当面沟通的绝不写电子邮件沟通，能够在桌边解决的问题绝不拖到下次会议，能够当下沟通的问题不等到明天沟通。如果有不同的看法，最好不要公开辩论，而先小范围面对面地沟通好，以保持整个创业团队的思维一致性。

3. 让公然破坏团队的人离开

如果出现这样的情况，侧面了解起因是什么？如果对方有诉求，请在招聘新的团队成员时考虑一下这一类的诉求。如果对方纯粹做的是损人不利己的事，请让他离开，而且要快。

4. 团队成员之间换位思考

不同分工和不同性格的成员之间，多从对方工作的角度去想问题，多角度地思考问题将有利于自身的成长。创业团队成员间同舟共济，多一些宽容，少一些指责。

5. 规定最好说在前面

先小人后君子,是商业社会的基本处事原则,也是契约的基本原则。最初创业时把该考虑的都先考虑到，把该签的合约都签好，该立字据的借条都立好，该定的规矩也定好。岗位之间的权责，不仅要有口头的说明，还要有岗位和工作说明书，即使现在的说明书确定的责任边界不一定到位，但是白纸黑字的事情必须先做起来，在将来的人力资源工作过程中慢慢细化。涉及核心团队成员的股权、利益分配等基本问题，不仅要说清楚写清楚，而且事关将来增资扩股、融资、撤资、团队解散等的问题都要写清楚。

6. 遇到困难向前看

创业合作的过程中，遇到困难是不可避免的，有时候困难通常是以你最难接受的方式，在同一个时间段，以集聚效应的方式来折磨整个创业团队。不能只盯住困难本身，更不能抓住之前所犯的某个错误，把自己的团队困死。在这些错误里，办法总比困难多，面临困难首先要想办法解决，自己与整个团队一起向前看，战胜困难，鼓舞并锻炼整个团队，最终整合创业队伍。

第三节 创业教师

一、创业教育的概念

"创业教育"这一概念,最早是由世界经济合作和发展组织的专家柯林搏尔在联合国教科文组织 1989 年 11 月在北京召开的教育国际研讨会上提出的。他提出了"三本护照"的概念,其中"第三本教育护照"就是"创业教育",这是创业教育这一概念第一次出现。国外专家和学者对创业教育的理解不尽相同,有的学者认为创业教育是培养能力的过程,这些能力包括识别商业机会、洞察力、自尊以及根据机会采取行动所必需的知识和技能;有的学者认为创业教育不是仅仅以营利为目的的教育活动;还有的学者从广义的角度理解创业教育,认为创业教育可以培养人的创新性以及开拓性等综合素质。

创业教育可以看作通过教育培养了创业意识,形成了创业能力和技能,最终促成个体的创业行为。这种创业行为不仅指个人在新领域或新市场内开创式地从事商业活动的行为,也指在兴趣和就业压力等因素的作用下,参考、借鉴他人的商业项目自行创业的行为,同时也包括在组织内部开拓自己事业的行为。

(一)创新创业教育的概念

在创业教育过程中,国外使用比较多的词汇有 venture(冒险)、enterise(事业心;进取心)、entrepreneurial(创业精神)、smallbusiness

（小企业）等。他们并没有将创业教育和创新联系起来，并不是因为他们不重视创新，其实国外早就通过创新和科技研发获得了丰厚的社会和经济回报，同时国外已经有高校开设了创业与创新硕士专业（麻省理工学院），也就是说，他们已经认识到，创新是创业中必不可少的内容，创新已经被融入创业，所以在概念上没有使用创新创业教育。我国因为创业中的科技创新力量还不足，所以将创新与创业教育相融合，基于我国国情提出了创新创业教育的概念。

中国高等教育学会会长特别助理曹胜利曾指出，真正意义上的创新创业教育着眼于为未来几代人设定创新与创业的"遗传代码"。向晓书指出，创新创业教育是一种区别于传统教学方式，着重培养学生的创业意识、创业能力、创业素质和创新思维的教育实践活动，是素质教育的深入与发展。

笔者认为，创新创业教育是将创业教育、创新教育以及专业教育有机结合，通过开发新的教学模式，注重学生实践活动的质量，使学生认清自我和人生，形成良好的自我意识，提高学生的创新精神和事业心，不断挖掘学生的相关潜力，达成学生的创新创业行为的教育活动。通过创新创业教育，为社会和经济的发展提供高水平的人力资源以应对知识经济和全球一体化的挑战，提升高等教育的质量及多元取向，促进学生综合发展。

另外，创新创业教育作为一门交叉学科，涉及社会学、哲学、心理学、法学以及成功学等学科，需要创新、创业以及相关内容的知识和理论。创新创业教育是新兴的，牵涉到许多方面的知识和内容，要想做好这方面的教育，单靠某一学科的专家或教师，是很难把控的。这就要求学校必须形成多学科的沟通和协作，形成合作团队或机构。

（二）创新创业教育的内容、目标、功能和特征

1. 创新创业教育的目标

创新创业教育的基本目标其实也就是适应世界教育发展和改革的趋势，结合我国国情，开发和提高学生的创新创业基本素质，培养学生的事业心和创新创业精神，把学生培养成具有创业基本素质和企业家思维的新一代复合型经济与管理人才，让学生学会捕捉机会、组织资源，为学生发展开拓更大的发展空间。创新创业教育提倡探索精神的培养，主张让学生在学习实践过程中发现新事物、运用新方法，激发开发创造的潜能，提高学生灵活运用所学知识创造性地解决问题的能力。所以说从广义的层面看，创新创业教育的目标是培养大学生基本的创新创业素质，以弘扬人的主体精神、个性和潜能的开发为宗旨，促进大学生创新创业能力教育发展体系的构建，创建一个有利于创新创业教育全面实施的全民教育、终身教育环境。

2. 创新创业教育的内容

创新创业教育的内容极其丰富，涵盖面广，主要包括创新创业意识、能力、心理品质、综合知识等各方面的培养。教育内容涉及创新教育、创业教育、心理教育以及专业教育等。教育的开展方式也有很多样，主要涉及课内教学、校内实践和校外拓展等。其开展的内容很多包括提供各方面的创新创业咨询，以及信息服务和多种形式的技术支持，开展创新创业培训课程、实训活动，为学生提供创新创业场所、基地等，为大

学生设立创新创业扶持资金、专项基金以及各种科研平台等。

（1）创新创业意识

只有具备了创新创业意识，才可以说是有了创新创业行动的思想基础，这是前提条件。创新创业意识，是指相信自己的个人素质和能力能够提高到或已经达到创业所需的水平，愿意开展创新创业行为，继而为此寻找商机、开始创新创业活动的酝酿。如果将其外延扩大，也可以理解成"开拓意识"，也就是通俗意义上说的"闯劲"。结合我国实际，大部分地区创新创业文化和氛围不足，在创新创业教育的初期，培养全体学生的开拓意识，对提升国家和社会对创新创业的认可和整个国家的开拓、进取精神具有重要意义。

（2）创新创业能力

创新创业能力是创新创业型人才应具备的核心素质。指在具备已有情境，为圆满解决创新创业过程中的问题而综合使用的各种策略和手段。创新创业教育内容中包括以下几种主要能力，即创新能力、学习能力、人际交往能力、经营管理能力、自我发展能力与创新创业直接或间接相关的多种能力的综合。

（3）创新创业心理品质

健康的心理品质是创新创业成功的主要条件。创新创业心理品质是指在创业实践活动中对人的心理和行为起调节作用的个性意识特征，也就是我们通常所说的情感与意志，主要指包括与创新创业有关人格等方面的心理素质，以及情感过程与意志过程。也包括在教育过程中培养学生的创新创业心理品质，培养学生的合作精神和团队意识、坚强的意志和对挫折的忍耐力以及稳定而积极的情绪等。

（4）创新创业综合知识

创新创业教育是一项系统工程，以综合知识为主要学习内容，才能形成一个完整的教育体系。在培养大学生创新创业意识、能力和具备创新创业心理品质的同时，还要使大学生具备一定的有关创新创业的社会综合知识，这是开展创新创业教育的必然要求。创新创业知识是指与创新创业方面相关的专业知识、技术知识、经营知识、管理知识等综合知识。比如，创新创业涉及的基本政策法规、税收制度、市场环境等内容的分析以及经济核算方法、企业经营管理特点、商务谈判技巧、公共关系运作等要素的手段、方式、途径等多方面内容。

3. 创新创业教育的功能

创新创业教育是一个完整的系统，具备完善的功能，主要有以下三个方面的功能，即服务社会功能、深化教育改革功能和促进大学生全面发展功能。

（1）突出服务社会功能

创新创业教育是一种教育的社会实践活动，对服务国家，加快转变经济发展方式，建设创新型国家起着非常重要的作用。一个国家，其社会的创新创业教育水平越高，社会效益和经济效果也就越好；社会的创新创业型人才发展越快，人们的物质文化生活水平也就提高得越快，从而极大地推动社会的繁荣进步与发展。创新创业无疑表现为经济增长的一个非常重要的、积极的促进因素。创新创业教育还有利于化解就业难题，消除社会的不稳定因素，有利于建设和谐社会。我国经济正处于稳定增长的状态，发展创新创业教育对推进社会稳定，建设人力资源强国显得尤为重要。学校应该发挥好创新创业教育的职能，使受教育的学生将来成为社会财富的创造者，成为社会发展的有力推动者。

（2）深化教育改革功能

通过把创新创业教育教学纳入学校改革发展规划，纳入教育教学评估指标，从根本上对传统的教育理念进行深层次改革，确立与之相适应的新的人才培养模式，制订专门的培养计划，明确职能部门，改革现有的专业教育和课程体系，对提高人才培养质量，保证高等教育的持续、健康发展起着重要作用。

大学生创新创业教育首先通过树立科学发展观，通过展开教学内容、教学方法与评价方式的创新，走出传统教育理念的局限，提高教育方法的启发性与参与性，使课堂的体验性和开创性得到发挥，不断实现教育功能的跨越式发展，培养出具有开拓精神、创新精神和国际竞争力的创新创业型人才。为此，高等教育要适应市场经济对人才培养规格的要求，适应国家发展战略对知识型、创新型创业人才培养的需要，适应世界高等教育的新趋势，促进教育体制的改革与发展。

（3）促进大学生全面发展功能

创新创业教育是一种走向成才和成功的教育，强调全面开发学生的潜能，培养学生创新性的思维方式，培养学生的能力以及技术、社交和管理技能，通过树立正确的人生观、价值观、世界观来规划自己的职业生涯，从而获得人生的成功。创新创业教育始终坚持以人为本，坚持面向全体，弘扬人的主体性和自由个性，帮助学生学会处理与他人、集体、社会的关系，给学生提供一个可以自由发挥的空间，通过完善自身的技能，注重提高自己的创造力，为未来的职业劳动打下良好的基础，通过努力成功创业，升华自己的人格，实现自己的理想，证明自己的价值。在创新创业教育学习和实践环境中，既能培养学生的健全人格，又能拓展学生的知识和能力，有利于提高学生的素质，促进学生的全面发展。

4. 创新创业教育的特征

作为一种全新的教育理念和教育模式，创新创业教育有着与传统教育无可比拟的优越性。把握其特性，有助于我们进一步全面理解创新创业教育的意义。具体来讲有以下几个特性：

（1）先进性

创新创业教育是一种前沿性的理念，它的提出和发展史还不长，在世界范围来看，还没有一个现成的、完整的模式可供参考，在实践中没有一个统一的样板可以直接套用，需要我们不断探索。

创新创业教育瞄准的是未来教育的趋势和需要。因其先进性，创新创业教育的实施对社会环境也提出了更高的要求。因此，创新创业教育紧扣了时代脉搏，发展了创新型国家理论，体现了时代精神，是一种先进的、科学的、全新的教育理念和模式。

（2）实践性

如何用最简捷的办法让学生了解创新创业的流程、知识、技巧以及通常遇到的一些问题，做到准确把握，有的放矢，教师应该在教育教学实践中一改传统的讲授模式，注重学生的实践。因此，在人才培养的过程中，应组织一线有经验的教师，借鉴先进的做法，更多地为学生搭建实践平台，全面推广实践教学，在实践过程中掌握创新创业的本领，着重强调受教育者社会行动能力的培养，在实践中学到书本上没有的，但实际会涉及的社会生存和处事方法，从而更好地适应和融入社会。

加强社会实践活动是创新创业教育的一个重要环节，通过社会实践，使受教育者正确地面对社会现实，并根据社会需要提高相关的职业能力，提升自己的素质。

（3）灵活性

相比其他教学模式而言，创新创业教育没有固定的模式，可以通过各种方法、途径来进行，具有灵活性。创新创业教育是以市场为导向，以能力培养为目标的教育。新颖的体例、鲜活的内容、恰当的实训、创业的思考等都可以灵活运用。教育活动中素材的选择和应用会随着环境的不同而产生变化，在实践中为适应不同层次的需要所产生的价值也会不同，为满足不同学生的学习需要，要以锻炼、培养、提高学生各方面的能力为目的，灵活地设计教育教学的各个环节和多样的教学手段，要因地制宜，因时制宜，采用切实可行的、行之有效的、灵活的方式方法，不能一概而论。

（4）系统性

每一个高校毕业生的背后都寄托着一个家庭的希望，关系着数百万家庭的幸福与和谐，可以说也寄托着社会各界乃至整个国家的希望与期盼。教育部有关文件也特别强调了，要把创新创业教育纳入专业教育和素质教育体系，制订教学计划和学分体系，把创新创业教育课程建成多层次、立体化的教育教学体系。因此可以看出，创新创业教育的系统是复杂而庞大的，主要体现为，它的教育过程是通过各种可利用的教育方式来培养的，不仅要有理论、有实践，而且要不断地在探索中前进；它的内容涉及经济、社会、文化各个层面甚至是交叉层面；它的实施不仅需要高校的教学教育，而且需要社会各界的支持与理解、联系与交流，才能使其科学性、系统性发挥良好的效果。

二、创新创业教育的理论基础

任何一种教育理念都有其不同的时代背景，同时也具有深厚的理论基础。笔者主要从以下几个方面对其进行阐述和分析：

（一）主体教育理论

主体教育理论是指依靠主体来培养主体的教育，它强调学生的自主性、主动性和创造性，终极目标是使每个人得到全面、自由、充分的发展，因而是创新创业教育的基本理论依据，具体内容包括以下几个方面：

1. 教育主体

教育本身具有自我能动性和相对独立性，与社会、企业组织和个人有着全面的联系，同时又会随着现代化教育理念的发展不断加强，它要求我们以教育本体的形式，按照教育规律来进行教学，不能将其封闭起来，不能不顾社会、企业和个人的现实需要去自我发展。

2. 受教主体

受教主体即接受教育的学生主体。学生个体身心的全面发展和个性化发展永远是在外部环境与教育因素的共同作用下自我主观能动的充分发挥，主体教育理论等其他现代教育理论的核心在于把学生作为社会的主体来进行培养，发挥其潜能，确立其主体地位，而不是将其作为社会的客体来进行被动塑造。

尊重学生的主体地位,体现在充分认识到学校和教师是为学生发展服务的;发挥学生的主体能动作用则体现在教师要充分调动学生主动学习的积极性,将学习的主动权还给学生,并加强其学习的责任感,以主体性发展带动其各方面的发展。当学生主体能够独立生活、独立学习,主动追求独立研究能力的增长时,他们必将成为社会所需要的创新型人才。

3. 施教主体

施教主体即学校和教师群体。教师在教育活动中的主体性相对于学生主体来说是更为完善和强烈的,但我们并不能将两者的关系理解为主动和被动或主体与客体的关系。主体性教育理论首先要求确立教师的主体地位,只有具有充分主体地位的教师,才能教育出具有丰富主体意识的学生,而学生的主体性是否得到充分发挥和发展也成了检验教师主体性高低的根本标准。

从价值论的角度看,主体教育理论作为一种教育价值观,是把人作为社会生活主体的角度来理解教育本质和功能的,它强调教育的最高价值是人类本身,并体现了学生作为成长主体会具有一定的主体性,同时还需要在受教过程中不断培养和提高这种主体性。该理论的基本价值立场是将学生培养成未来社会生活的主体,弘扬其主体性,采取发挥施教主体和受教主体主体性的基本策略来培养具有创造性的人才,该理论还以某种教育形式在多大程度上弘扬了人的主体性,并促进人类个体及整个人类社会的发展为依据,对其作出价值判断。

(二)个性教育理论

尊重和发展个性成为 21 世纪以来世界教育改革浪潮的主流,大部分国家都将其作为教育现代化的标志和方向，个性化教育已经成为世界性的教育思潮。

主体性教育理论强调教育主体的主观能动性，而个性化教育理论则强调教育主体的差异化和个性化。每个学生会受遗传特征、性格倾向、所处环境、所受教育、成长过程及自身努力程度等因素的影响，存在个别差异，个性化教育承认学生，即学生个体在智力、思维、心理、情感、生理和社会背景等各个方面所存在的差异性，并依据这些个体差异和学生的身心发展规律，在教育的各个层次中体现其良好、鲜明的个性，有针对性地制订因人而异的教育方式和内容，开展个性化教育，使教育模式和方法适应学生的个体特性，从而促进每个个体都能突出发展其良好的个性，有益于其他各项能力，如想象力、创造力和思维能力的挖掘，使其全面发展。

个性教育理论要求教师善于寻找和尊重每个学生优良的独特个性和素质，使之得到创造性的自由发展，并能抑制和克服学生的不良个性和品质，打破统一、僵化的教学模式，重视因材施教，实现教育的个人化、特色化、区别化和多样化，鼓励学生"各显神通"，最有效地开发其个性、潜能和创造性，充分发挥其天赋、兴趣、爱好和特长，从而为社会做出更大的贡献，并且最大限度地实现个人价值。

个性的发展同主体性、自主性一样，是产生创造性的基础，教育的根本价值在于为社会培养出有个性和创造性的人才，单调统一、毫无特色可言的教育模式会抑制学生创新欲望的产生，很难提高创新能力，甚至导致学生养成刻板、没有创造力的行为模式。传统的应试教育，忽视学生的天赋和个体差异，将文化知识传授放在首位，以升学为唯一标准，而不注重学生的个性发展，甚至扼杀学生的特质、兴趣和特长，违背了学生个性发展的规律，也违背了社会发展的需要。社会的飞速发展和现代科技的进步对人的个性提出了更高的要求，只有充分培养学生的个性化才能，才能满足社会生产、生活等各个领域发展的人才需求。

创新创业教育本身对独特个性尤为尊重，因而，只有以个性教育理论为依据和基础，从学生的个性发展出发来设计教育内容、模式、方法和制度，培养学生的独立人格、充分发掘学生个体的聪明才智和个性才能，才有可能发挥其原本的优势，使学生更自觉、更充分、更主动地全面提升其自身的整体素质，防止教育的窄化、僵化、浅化和庸俗化，培养出更多各种各样的社会发展所需要的人才，以适应未来社会的竞争。

（三）全面发展理论

根据马克思主义关于"人的全面发展理想"的学说，来审视我国社会主义教育的目的，可见，全面发展教育理论成为我国教育改革的主要指导方针。主要从以下两个方面来理解人的全面发展：一是人的脑力劳动与体力劳动相结合，实现通常所说的德育、智育、体育、美育和劳动技术教育全面发展；二是一个完整的个人所具有的才能和品质都能得到和谐、充分的发展。社会对人才的需求是多种多样的，多样化的、全面发展的人才能满足社会各项建设事业的发展。结合个性化教育理论，由于每个学生具有一定的差异，因而在教育过程中，针对处于同一发展阶段的学生，既要考虑全面发展的共性、相似性，又要结合各自的个性和差异。

传统教育观的最大弊病是忽视了学生个体的发展。教师将学生视为没有思想、情感和辨析力的"两脚书橱"和"知识容器",只是一味地根据自己的想法和偏好来传输各种知识,这必然会影响学生潜能的发掘和全面发展的实现,还会严重遏制学生创新能力的提高。而全面发展教育理论则要求学校及教师着眼于学生的发展,遵守学生的身心发展规律,通过各种教学方式为学生的全面发展提供条件、创造环境,使其在学习和掌握各类知识的同时,通过有效的社会实践和训练,使学到的知识逐渐内化为自身相对稳定的思维方式和行为习惯,进而理解和运用知识,并最终促使其实现个体的全面发展,使其成为能够适应未来社会发展的会生存、善学习、勇于创新的复合型人才。因而,从这个角度看,个性教育理论不仅是全面发展教育理论的重要组成部分,而且是一种更高层次的全面教育表现形式,二者并不相互排斥,而是相互结合,促进个性的全面发展。只有这样,才能促使学生在发展个性才能的同时,实现整体素质的提升。

  不同的教育理念和模式能产生培养创造精神的力量,也可能会压抑创造精神的产生。对于创新创业教育而言,它强调的是在学生可持续发展的基础上,实现其有个性差异的全面发展,不仅要促使其在德、智、体、美、劳等方面得到较全面的发展,而且要结合其自身的个性特点,促进他们获得相对于自身而言最好的发展。具体来看,在培养和保持学生创新精神和创造力量的同时,还要考虑其在真实工作、生活中的需要;在进行知识文化传递的同时,不用现成的观念模式去压抑其个性化想法的产生;鼓励其发挥天赋、兴趣和能力,不助长其盲目的个人主义;密切关注每个教师的独特性,不忽略创新和创业意识的培养。

  总之,创新创业教育是在这些理论的基础上形成的一种反映时代特征的教育理念和模式,已经成为指导我国当前高校教育改革实践的方针和依据。

三、我国创新创业教育发展状况

总的来说,我国的创新创业教育起源于20世纪70年代末改革开放时期,当时我国正处于教育发展战略转换的过渡阶段,在适应社会主义现代化建设需要,建立面向21世纪国际竞争具有中国特色的社会主义教育体系总目标的基础上,国家开始将教育管理权力下放到地方,扩大高校的办学自主权,以充分发挥中央和地方对教育事业管理的双重积极性,遵循中央集权和地方分权相结合的原则,解放思想,破除迷信,通过一系列结构调整与改革措施来改变传统的教育体制,发展高等教育事业。该阶段开始强调学生的主体地位,重视发挥其主动性和积极性,并对教学内容、方式和方法进行改革,逐步提高教育质量。

20世纪80年代初,创新创业教育思潮由西方传入我国,全国上下开始提倡创造教育,有关创造学、创造教育的书刊相继出版,国家设立了一些高新区,许多省市竞相成立创造学会,高校纷纷开设创造学类课程,大量的教育工作者开始致力于创造教育,此时提出的创造教育的本质与我们现在提出的创新创业教育是相同的,同样是为了培养学生的创新精神、创造力和创业意识及能力等,但就整体而言,社会和教育界对创造教育并没有给予应有的重视。

自1990年至今,全国性创新研究学术会议召开了30次以上,90年代中后期的互联网创业及政府一再推动的科技成果产业化都进一步为我国的创新创业教育营造了良好的外部环境。

2002年，教育部将中国人民大学、清华大学、北京航空航天大学等九所高校确定为创新创业教育的试点院校，从而形成了几种典型的创新创业教育模式：一是以中国人民大学为代表，强调创新创业教育应"重在培养学生的创业意识，构建创业所需的知识结构，完善学生的综合素质"以中国人民大学为代表；二是以北京航空航天大学为代表，侧重学生的创业知识、创业技能，通过商业化运作，建立大学生创业园，为学生创业提供资金资助以及咨询服务；三是以上海交通大学为代表，将创新教育作为创业教育的基础，强调在专业知识的传授过程中培养学生的动手能力，注重学生素质的培养，建立全天候开放的实验中心和创新创业基地，为学生的创新创业提供必要的资金和技术支持和咨询。

由于我国的教育长期以来处于"应试教育"的束缚中，传统的教学方法、课程安排、考试制度、评价标准等比较呆板，阻碍了学生主观能动性的发挥和思维的拓展，不利于创新思维及创业意识的培养和开发。同时，近现代以后，我国的整体创新能力明显低于其他一些发达国家，在诺贝尔奖的96次评选中，没有一名中国籍公民出现在这1000多人的获奖名单里，这在一定程度上说明，我国的创新创业教育仍处于初级阶段，需要从内外部环境着手，进一步完善相关体制，并采取有效的措施来改革和加强创新创业教育。

四、创新创业教育的未来发展趋势

当前，国际经济、文化和军事等综合国力的竞争越来越激烈，大力发展创新创业教育，培育创新型人才已成为发达国家保持其科技领先地位的重要保障。而发展中国家要在某些领域赶超发达国家，在高校实施创新创业教育，培育创新型人才是未来教育改革的重要内容和方向。笔者以创新创业教育的发展历程回顾和规律分析为基础，对其未来的发展趋势做出如下总结：

（一）教育体系由封闭、统一、刚性转向开放、灵活、柔性

除了学校教育体系的系列因素，社会环境同样对学生的创新品质及创业素质有很大的影响，因而，封闭式教育必将被淘汰，现代教育体系必将与社会、企业等进行更多的信息交流和沟通，为创新创业教育的人才培养目标制订、教育内容取舍、课程体系安排、教学方法设计、人才评价制度等提供指导性的帮助，开放型的教育体制有利于加强学校师生与社会的联系和教育系统各个部分、各个各环节间的沟通，形成学习型的社会和高校。同时，统一、呆板、过于刚性的教育体系，必然会与学生的意愿、兴趣相违背，不符合个性化教育理论中因材施教的基本规律和原则，会抑制学生的个性化发展，不利于其创新意识和创业能力的培养和发挥，阻碍其创新创业行为的开展。因此，在未来的创新创业教育体系设计过程中，必须要对计划经济体制下形成的封闭、统一、刚性的制度进行深化改革，建立开放、灵活、柔性的制度和与创新创业教育基本规律相一致的制度体系。

（二）教育制度由集权型转向分权型

根据个性化教育理论，创新创业教育需要针对各高校的实际情况和学生个体的自身特点及条件因材施教，以为社会培养出个性鲜明、创造性丰富、具有创新能力的人才为目标，从而满足现代化建设的人才需求。

国内外创新创业教育的演化历程表明,各高校、各机构、教师及学生拥有充分的自主权是成功实施创新创业教育的基础。人们也越来越强烈地意识到,中央集权型的教育制度并不利于创新创业教育的实施,过于集权的体制限制了教育的因地制宜和因材施教,因而,在加强中央宏观调控的同时,逐步将教育管理和办学自主权下方至地方和学校,扩大其教育职责和权限,充分调动其办学积极性和开展创新创业教育的热情,增强学校适应社会经济发展的能力,将成为创新创业教育体制改革的一大方向。

(三)管理方式由集中控制、消极服从型转向宏观调控、主动适应型

在传统集权型教育制度下,高等教育的主管部门用集中控制的管理方式将高等院校的教育形式、课程安排、学生管理等均纳入其自己制订的各种教育规则,而高等学校则表现为消极地遵守各项规章制度,这种集中控制和消极服从型的管理方式同样存在于高等学校的管理部门与各个基层部门,极大地压抑了高等院校、教师和学生在工作学习中的主动性、积极性、创新精神和创业意识,因而,在教育主管部门将权力下放,由集中控制管理形式转向宏观调控的同时,教师也应该赋予学生较大的自主性。

(四)师生关系由权威型转向民主型

在传统的教育观念里,师生之间是命令与服从、教授与接受的关系,学生须将教师当做权威来服从,这与创新创业教育的主体教育理论基础

相违背，只有在独立、平等、民主的关系中，双方才能互相负责、尊重、质疑、沟通，学生才能不断地主动发现问题并解决问题，才有利于学生创新意识和创造力的培育，有利于学生自由成长。教师要给予所有学生平等参与的机会，加强每个学生的主体意识，尊重学生的选择和意见的同时，对自己的意识和行为负责。

（五）教育过程、途径、方式、评价转变

大部分高校依旧沿用传统的灌输式教育方法，由学校设计教学课程，教师以课本知识的传授为主，而学生以课本知识的记忆、背诵为主，学习过程主要靠惩罚来维持。创新创业教育必须突破这种传统的教育方式，必须转为启发式教学，才能取得良好的创新和创业效果。首先，教育管理形式由封闭、强制和集中转向开放、参与和自主；其次，教学过程由学生对知识的被动接收、储存和积累转向信息主动获取、灵活选择、提取和加工，由教师给学生唯一的标准答案转向启发学生举一反三，主动提问，鼓励其不断质疑并思考，多方向提出设想方案，并从中进行选择和决策，促使其进行自主式学习，不断创新；再次，教育途径由注重课堂转向课堂内外并重，将课堂教学与课外实践活动相结合，由单一的教学转向教学与研究相结合，重视学生兴趣和个性的培养；最后，教育评价也由注重选择转向注重培养。

此外，随着教育改革的深入和创新创业教育的发展，在教育体系、制度、管理方式、师生关系及教育方式、过程、评价等方面都将发生深刻的转变，同时，创新创业教育将逐渐分类化，由单一课程体系细分为新技术创新与创业、家族创业、妇女创业、大型机构创新和创业等分支，

从而获得更长足的发展。

我国高校大学生创新创业的意识、素质和实践能力均有明显增强。国家出台的一系列优惠政策深受广大高校毕业生的欢迎，为促进高校毕业生创业发挥了重要作用。总的来说，我国研究型大学毕业生创新创业情况还不是很理想，突出表现在创新创业的呼声高、意愿高，但是创新创业活动的参与度低、成功率低、项目技术含量低、创业促就业实效低等。调查显示，西方国家大学生自主创业者占毕业生的20%~30%，而我国大学生创业者所占比例不足1%，与国外相比差距较大。我国大学生创新创业教育尚处于探索阶段。

五、创新创业教育的必要性

（一）强化高校自身改革建设

近年来，在国家和社会的支持下，我国的高等教育在素质培养上取得了不小的成绩，但在国家创新型发展战略面前，如何提高学生的思考力，加快培养学生的实践力，改革现行人才培养模式，对作为人才摇篮的高校提出了新的课题，因此，高校自身的建设与改革无疑起着至关重要的基础性作用。

高等教育的前瞻性、实用性、系统性的高低，直接关系到高校能否为社会输送符合要求的综合型人才。目前，高校教育结构和培养目标的调整相对滞后，高校应按照素质人才培养方案的要求，严格遵循教育教学规律，最大限度地体现高等教育的特点及时代发展的要求，做出从传统的"接受继承"教育模式转为"创新创业"为主的新型教育模式的重大转变。

　　高校可以通过深化教育体制改革，加快开展创新创业教育步伐，提高人才培养水平，使之不落后于我国经济发展状况对人才的需求。创新创业教育是高校积极应对经济发展要求的表现，是市场经济条件下高校培养高素质创新创业型人才的必然选择。高校承担着培养高素质技术、技能型人才的重任，随着我国经济的发展，创新创业型人才的缺乏会成为影响经济进一步快速、健康发展的瓶颈。创新创业教育是全社会的事情，更是高校义不容辞的责任。这一现状对我国高等教育的改革和发展而言是挑战，也是机遇。

　　高校的基本功能是教学和科研，根本任务是人才培养。目前，学生适应社会和就业创业能力不强，创新型、实用型、复合型人才紧缺，这是我国当前教育面临的严峻现实问题。目前，世界各国都已经充分认识到高校在创新型国家建设中提供着有力的人才和智力支持的重要作用，从而把高校纳入国家创新体系的重要组成部分，开始大力推进创新创业教育。创新创业教育的理论体系建立在众多学科的交叉点上，是一门新型综合应用社会科学，众多学科相互渗透，为创新创业教育奠定了厚实的理论基础。创新创业教育作为培养学生创新精神，提高学生创新能力的主要部分，随着国家教育战略主题的进一步明确和发展，必然会得到加强。高校不仅是知识传播、人才培养、发展科学技术的场所，而且也是哺育知识型企业的重要依托。所以，高校必须不辱使命，顺应时代发展的要求，深化改革，大力推进创新创业教育。

（二）加大创新创业人才的培养力度

适应市场经济发展需要、建设创新型国家、培养高素质创新创业型人才，是社会赋予创新创业教育的历史重任。知识经济时代的发展使创新型人才成为高校培养的目标，这也是全社会的迫切需求。而创新创业教育是培养并造就大批创新型高素质人才的必然选择。以知识、信息和能力为主要支撑的知识经济，为大学生创新创业提供了现实可能性，同时也对大学生各方面的能力提出了更高的要求。

人类进入"知识经济"时代以来，创新就一直成为知识经济发展的核心动力，也是提高国家综合国力的重要武器，各经济主体竞争的焦点不仅是资金、技术等传统资源，还包括以人力资本为基础的创新资源。实施创新创业教育，可以增强学生的创新创业意识，提高学生的社会实践能力和技巧，培养善于创新的新型人才，全面提高高等教育人才质量，实现人才培养目标。

建设创新型国家的关键是培养创新型人才，切实有效的创新创业教育不仅对经济的快速发展起着极强的推动作用，同时，也是构建社会主义和谐社会的必要之举。以创新为核心的创业精神在新创企业和已存在的企业中都被看成是非常重要的竞争因素。

（三）促使学生自我缓解就业压力

近年来，随着我国大学毕业生人数的增加，就业压力加大成为全社会关注的焦点，这就需要学生、家长、学校和社会都保持清醒的头脑，正确认识和处理就业压力。为了都能够顺利走上工作岗位，我国除了制定"创业带动就业"的方针外，还出台了一系列支持和鼓励创新创业的政策措施。创新创业教育成为缓解当前就业压力成效较明显的重要内容，且愈来愈受到重视和加强。在创新创业教育的指导和服务下，一部分大学生将会成为自主创业者，不仅可以解决自己的就业问题，还可以为社会其他人员提供更多的就业岗位，这对缓解我国大学生就业压力具有非常重要的现实意义。

作为一个全面发展的大学生，对创新创业的认知和践行是大学生综合素质体现的重要内容，是大学生全面发展，融入社会，正确评估自己，给自己合理定位，实现自我价值的基本要求。面对严峻的就业形势，创新创业便成为打开就业难局面的关键。鼓励学生开拓创新的创业意识，使有开发潜力的学生真正走上创新创业的道路，也是他们能够很快融入社会、服务社会的前提。大学生接受过高等教育，是最具创新创业潜力的精英群体，不仅是现有职位的占有者，更是未来职业的创造者。通过创新创业教育，教会学生如何适应社会生存、经济竞争，学到自主择业、自谋职业的方法和途径，提高他们的创新精神和创业能力，使大学生成为高素质的创新型人才，增强自身的发展能力，在创新创业过程中使自我价值得到实现，在现代化建设过程中施展才干。

（四）真正符合世界高等教育的发展趋势

从世界范围来看，高等教育发展创新创业教育正受到各国政府的重视，这方面的研究和活动日益引起各界的关注。在各国大力发展创新创业教育的浪潮中，高校学生的创新精神和创业能力的强大推动力已经崭露头角。创新创业教育在西方发达国家起步较早，经验丰富，且已经普遍将其纳入课程体系，取得了令人瞩目的巨大成效。以美国、英国为代表的西方发达国家开展的创新创业教育正逐步形成一个完整的社会体系和教学研究体系,并已经将其纳入国民教育体系。德国、法国等国高校不仅拥有优良、稳定的创业教育教学科研队伍,而且非常重视学生的创新创业实践体验,并提供大量技术和资金支持。澳大利亚也是世界上较早开展创新创业教育的国家,已经形成了一个相当完善的体系,并且创出了自己独特的模式。所以说,实施创新创业教育是当今国际高等教育发展的重要组成部分和新趋势。创新创业教育在促进就业、发展经济、推动技术创新等方面的作用是不容小视的。

在世界其他国家发展水平面前,我国的创新创业教育才刚刚起步,还不成熟。我国绝大多数高校并没有把创新创业教育看作高等教育主流教育体系中的一部分,在教学管理师资力量方面没有给予充分的重视。我们应该认识到实施创新创业教育对高素质技能应用型人才的培养有着非常重要的意义,它不仅是解决当前社会就业矛盾的突破点,也是我国高等教育培育人才的客观要求,符合国家发展战略,适应经济和社会发展的需要。在世界政治、经济、文化一体化的背景下,顺应世界高等教育的发展潮流,创新创业教育的开展是必然趋势。大力发展创新创业教育已经获得了教育部门的高度重视,从中央文件意见和教育部会议中已经看出这一点。所以我们可以放心大胆地推动教育改革,面向未来,面向世界,借鉴西方发达国家成功的教育经验,取其精华,去其糟粕。

第四节　创业课程

一、完善课程体系设置

创新创业教育课程体系由以下两个层面构成：

第一，在课程安排上，开设专门的创新创业教育课程，以必修课的要求强化大学生的创新创业基础知识和意识，培养大学生的创新素质和基本创业技能。同时，还要设立创新创业教育培训中心，实行导师制，创造条件让有创新创业需求的大学生真正参与到创业项目选择、创业融资、公司组织管理等活动中，学习创业技能，学习有用的知识，提高创业技巧，从而减少创新创业的盲目性。

第二，在课程设置上，创新创业教育要与专业教育相结合，要以学生为中心，与经济建设和社会发展需要的新知识、新技术、新工艺、新方法相适应，尽可能地、及时地融入创新创业教育新课程的内容，并把创新创业教育渗透到专业教育的每个环节，充分发挥学生的主体性，激发学生的创新创业精神；在课堂教学中营造敢于思考、大胆质疑的课堂氛围，在指导专业类课程教学中注入创新创业教育知识、技能等相关内容，通过开展一些实习实训活动，实现课程的系统化、多样化、特色化、实用化。

除心理准备之外，走上创业道路之前，或在创业的过程中需要逐渐掌握和具备一些基本的知识和技能。主要有以下几项：

（一）创业项目所属的专业知识

自古就有"隔行如隔山"的说法，一个在门外的创业者常常执着于向有经验的创业者询问"什么样的行业适合进入？"一般得到的回答是"做你最熟悉的行业"，"不熟不做"常常是那些有经验的创业者时常提醒自己的名言。只有在自己最熟悉的领域，创业者才能最大限度地发挥自己的特长，运用自己的专业知识和相关的人生经验来解决问题，不至于在遇到问题和困难时因为不熟悉而产生不必要的慌张。假如选择一个自己并不熟悉甚至完全陌生的行业，失败的几率就会大很多。

多数大学生创业团队对选择进入哪个行业常常感到迷茫，似乎哪个行业都很有前途，也似乎我的专业技能进入任何一个行业都没有太大的相关性，这恰恰是大学生本人专业没有学精的表现。多数大学生创业者选定某个行业，除了对该行业特别看好，还要基于自己的专业学习（通常是理工科或具有操作技术的专业）和自己的爱好。因此，在进入某个行业之前，喜欢上某个行业，并尽力掌握该行业的相关专业基本情况和基本常识，是十分有必要的。

（二）创业项目所需的行业经验

除了项目所属的专业之外，了解项目所属行业的情况对于创业者来说同样重要。单一项目往往是某个行业的子项目，有着一定的特征，但往往会在大的经济规律面前呈现出这个行业所具有的共性。例如，Cosplay是游戏行业的子项目，而游戏行业又是计算机软件行业的子项目。Cosplay表现出一定的项目专属特性，但又与游戏行业以及计算机软件行业的发展息息相关。因此，在进入所属项目运作时，更多地了解行业属性、行业特性以及行业的发展规律,是对项目运营最好的知识储备和知识补充。

大学生创业者需要将精力集中在项目上,但在此基础上需了解项目所属行业的相关情况、相关特性和相关规律。这也是进入某个行业之前,大学生创业者应提前做的功课。

(三)创业中的沟通能力

创业的过程中每时每刻都存在沟通,因而,沟通技能是一项非常重要的基本技能,无论对创业核心或创业团队成员来说都是如此。在创业者的各类活动和日常经营中都会凸显沟通的重要性,更会彰显一个创业者的沟通智慧。

沟通是连接人与人之间的桥梁,是维系整个创业企业的纽带。内部沟通,可以让创业者及时听取员工的意见和建议,并给员工以正能量的反馈,增强他们的主人翁意识,以激发员工的主观能动性,充分调动他们的工作积极性,让他们觉得在公司内部有施展才能的舞台;在遇到矛盾时,合理的沟通可以及时消除团队成员之间的误会,适时化解内部矛盾;顺畅的沟通能够加快信息在公司内部传递的速度,保证信息流的平稳,能够尽快得到各部门的反馈。合理的外部沟通可以让创业者了解各类客户的购买习惯、使用习惯和消费习惯,了解客户对产品和服务的意见以及对品牌的看法,能及时让客户知道公司的产品线更新;在出现客户投诉时,合理的沟通和服务避免了与客户之间产生误会,往往可以让普通客户变成忠实客户;还可以通过各种渠道的沟通让创业者及时获取市场、竞争对手、新的政策发布等方面的重要信息。

（四）创业者持续学习的能力

信息时代标志着靠一定时间养成的经营经验"打天下"的时代已经结束，创业者正身处一个时时刻刻充满创新，时时刻刻颠覆旧的理念，时时刻刻需要学习的时代。在这个时代，新的产业取代传统产业，新的资源替代旧的资源，新的资源分配方式更替旧的资源分配方式，这些都在同步发生。创业者也在以知识、信息以及能力的组合打破传统的财富和资源分配方式，力求突破阶层的固化，成为这个时代的核心和中坚力量。这条路必然会很艰辛，终身学习是不可避免的。

创业者需要就创业项目本身和创业行业掌握相关的专业知识，同时作为经营者和沟通者，创业者需要掌握一定的社会知识、法律知识和管理知识。这些知识的学习不仅是在书本上习得的，而是创业者在创业过程中摸爬滚打、边做边学的，需要通过实践将这些知识固化和加强。知识的更替，需要经常进行。现代社会竞争日趋激烈、科技发展日新月异、知识更新也不断加快，我们无法保证在创业初期拥有的知识和技能在企业和市场发展过程中能够长期有效。这就要求创业者要有恒心和毅力，保持长时间的学习能力，充分利用好碎片化时间，随时更新自己的知识和信息库，以保证创业工作的需要。

（五）企业运作的基本知识和执行力

创业过程中可能会出现的问题和困难常常超出创业者的想象。许多创业者创业初期凭的是一时冲动和一腔热血，对创业过程中出现的问题所做的相应准备常常不足。机会出现时，英雄不问出处，这本是无可厚非的。大量事实证明，抓机会本身对于创业来说至关重要，但在抓机会的过程中如果没有落实机会的执行力，没有提高企业的运作能力，常常会得到冲动的惩罚。

在创业过程中，运作能力和执行力的缺失，是创业团队不能实现预定目标的重要原因，缩短目标和实现目标之间的差距，不仅仅是简单的官话、套话，而是创业团队能否在抓住机会之后取得丰硕成果的重要原因。创业者要在创业团队的组建、企业战略的制订和企业运营的引导过程中逐渐提高自己对团队运营的掌控力，以及对团队成员执行力的相关认知。创业者和团队成员的执行力是多种能力和多种素质的综合，其执行力的高低直接关系到能否将计划方案变为实际操作，也关系到创业者能否将创业团队成员的美好愿景和理想付诸实施。

二、课程设置及内容的有效性

（一）创新创业教育内容有效性的含义

创新创业教育的内容主要包括创新创业意识、创新创业知识、创新创业能力、创新创业心理品质四个方面，其有效性也主要从这四个方面展现。

1. 培养创新创业意识

培养创新创业意识主要应重视创新创业需求、创新创业兴趣、创新创业理想、创新创业信念和创新创业世界观的培养。创新创业需要和动机是创新创业意识的基础；创新创业兴趣是从事创新创业活动的积极情绪和态度定向；创新创业理想是对创新创业活动未来奋斗目标持久的向往和追求；创新创业信念是对创新创业活动和实践的认识、看法和见解，是坚信其真实性和有效性的心理倾向；创新创业世界观则是由一系列创新创业信念所组成的逻辑系统。创新创业意识的培养在一定程度上奠定了创新创业开展的基础，是十分重要的。

2．增加创新创业知识

创新创业知识包括专业知识、经营管理知识和综合性知识。专业知识是从事某一专业或职业所必须具备的知识，一般是与专业、职业能力结合在一起发挥作用的；经营管理知识是从事经营管理工作必须具备的知识；综合性知识是发挥社会关系作用的多种专门知识，其中包括政策、法规、工商、税务、金融、保险、人际交往、公共关系等。在创新创业知识的构成中，经营管理知识、综合性知识与经营管理能力和综合性能力一样，具有内部资源配置和社会关系的特征，并与经营管理能力和综合性能力结合在一起，共同发挥作用。知识结构的有效构建对学生来说是进行创新创业的必要条件，需要在创新创业教育课程体系的构成中合理安排，使学生能充分掌握。

3．提升创新创业能力

创新创业能力包括专业能力、经营管理能力和综合性能力。专业能力是人们从事某一特定社会职业所必须具备的本领，是维持生存、谋求发展的基本生活手段；经营管理能力既是现代社会重要的社会职业要求，又是一种谋求理想社会职业的工具。经营管理能力是一种人、财、物、时间、空间的合理组合，是科学运筹和优化配置的显示，是一种较高层次的创业能力；综合性能力包括发现机会、把握机会、利用机会、创造机会的能力，收集信息、处理加工信息、综合利用信息的能力，适应变化、利用变化、驾驭变化的能力,非常规性的决策和用人的能力,交往、公关、社会活动能力等,是一种社会环境和社会关系的综合开发能力,是一种最高层次的创业能力。在创新创业意识与知识得以充分拥有时,创新创业能力才能得以提升,而其提升也相应的增强了创新创业过程的有效性。

4. 加强创新创业心理品质

创新创业心理品质包括独立性、敢为性、坚韧性、克制性、适应性和合作性。独立性是对能够独立思考、判断、选择、行动的心理品质的描述;敢为性是对敢于行动、敢于拼搏,并勇于承担行为后果的心理品质的描述;坚韧性是对为达到某一目标而坚持不懈、不屈不挠、顽强努力的心理品质的描述;克制性是对自觉调节和控制自己的情绪和情感,善于克服盲目冲动和欲望的心理品质的描述;适应性是对能尽快适应环境和条件变化,善于进行自我调查和角色转换的心理品质的描述;合作性是对善于对别人认同,善于向他人学习,善于与他人交往、合作、共事的心理品质的描述。这六种心理品质是从特定角度来反映意志和情感要素的。因此,抓住了意志和情感,也就抓住了创新创业心理品质的总体特征。良好的创新创业心理品质可以使创新创业取得事半功倍的效果。

(二) 创新创业教育课程构建的原则

创新创业教育课程是高校实施创新创业教育的有效载体,是提高大学生创新创业意识与能力的重要途径。教育部下发的《教育部关于全面提高高等教育质量的若干意见》(教高[2012]4号)文件,明确了高校创新创业教育教学的基本要求,即制订高等学校创新创业教育教学基本要求，开发创新创业类课程，纳入学分管理。准确理解和把握高校创新创业课程的特点，是科学建设创新创业教育课程体系的前提。从普遍意义上讲，教育是培养人的活动，创新创业教育课程是培养全面发展的人的活动。这就要求创新创业教育课程在知识传递上要体现最新前沿，在能力培养上要符合社会需要，在素质提升上要关注人的全面发展。

1. 教育目标与课程内容相结合

创新创业教育目标是构建其课程体系的重要依据。目前，大学生创新创业教育在我国高校仍处于发展阶段，根据大学生的自身特征和发展需求，创新创业教育目标可分为三个层次：第一层次的教育目标适合所有大学生的创新创业普适性教育，主要是培养学生的创新思维，帮助学生树立创新精神，激发学生的创业意识。第二层次的教育目标适合有一定创业意向的大学生，主要是通过创新创业教育培养，让学生掌握初步的创业知识，成为具有一定创新创业品格和创业素养及创业能力的大学生。第三层次的教育目标适合具有强烈创业愿景和创业行动的大学生，通过系统的、完整的创新创业教育，让学生全面掌握专业化的、扎实的创业知识，形成良好的创业素养和创业实践技能，为学生开展创业活动奠定坚实的基础。因此，高校应该依据创新创业教育的三个目标层次，科学构建分层次、模块化的课程体系。

2. 理论课程与实践课程相结合

创新创业教育要着力培养学生的创新思维，帮助学生树立创新精神、激发创业意识、掌握创业知识。因此，要注重创新创业教育的学理性和学科性，构建必要的学科课程、理论课程，通过一定的理论课堂讲授，实现对学生创新创业知识和能力的培养。同时，创新创业教育是一项实践性非常强的活动，高校应该丰富和拓展创新创业教育课程的内涵，更加注重培养学生的创新创业能力和创新创业本领，要通过构建内容丰富、形式多样的活动课程、实践课程，形成理论与实践有机结合的课程体系，才能切实增强学生的创业素养和创业技能。

3. 独立课程与融入课程相结合

创新创业教育具有自身的逻辑性、学理性和相对独立性，要适合创新创业教育自身的发展规律和内部的逻辑关系，从而形成和构建较为完善的、独立的学科课程体系。同时，培养创新创业型人才是一项复杂的系统工程，创新创业教育不是其本身课程能全部承载的，还应融于通识课程、专业课程以及整个教育教学的各个环节，注重创新创业教育课程同专业课程等其他课程之间的逻辑性、关联性和互补性，构建协同联动的创新创业教育课程体系。

4. 线上课程与线下课程相结合

针对当前高校人才培养方案和教学计划中的课程数量较多、学时较长的状况，高校应该在现有的人才培养方案和教学计划中增加一定数量的创新创业教育课程和学时难度。为此，高校应充分发挥在线教育的优势，分别开发和设计线上课程和线下课程，将创新创业教育中需要了解和掌握的基础知识、基本理论等内容的课程开发、设计为线上课程，让学生通过在线学习和翻转课堂的模式进行学习，突破学时瓶颈和时空的局限。

（三）创新创业教育课程构建的依据

创新创业教育是高校素质教育的重要目标，是高等教育与专业教育和通识教育深度融合发展的新方向。课程教学是创新人才培养的主渠道，是提高人才培养质量的重要阵地。

1. 深化高等教育改革的内在要求

社会经济的发展对高等教育提出了更高的要求，国家正在实施加快转变经济增长方式、建设创新型国家和人力资源强国的重大战略举措，培养国家建设所需要的创新创业人才，高校责无旁贷。在高等教育倡导深化教学改革、提高人才创新质量的今天，其模式需要不断创新，创新创业教育课程注重创新创业知识和理论传播，注重课程教学内容与方式方法的改革，是高校增强大学生创新创业意识、创新创业精神与创新创业能力的需要，是高等教育深化教育改革、响应时代呼声、满足社会需求的选择，是高等教育发展到一定阶段的必然结果。

2. 培养创新人才的重要举措

国家创新型发展建设需要高校培养更多高水平的创新创业者。创新创业教育的提出与探讨是高等教育在教育教学改革和素质教育基础之上建立起来的，作为培养人才的基本工程，用于应对全球化和信息化时代。加强创新创业教育课程的建设，是高校强化学生研究性学习与创新性实践，增强大学生创新创业意识、创新创业思维与创新创业素质，促进创新创业教育与素质教育共同发展，培养国家需要的高素质创新型人才的重要举措。

3. 实现个性化人才培养的客观需要

我国高校正处于从粗放式发展向集约式发展转变的关键时期。面对学习能力与学习需求存在差异的学生，如何更好地提升教育教学水平，满足个性化人才的培养需求，成为高校需要探究的重要问题。大众化高等教育多元质量的核心是个性化原则，人才的个性化是创新的基础和源泉，是发展的动力和前提。创新创业课程建设，要本着以人为本、因材施教的原则，在课程目标设置、课程内容组织、教学计划实施等方面分层次、抓重点，是高校保证个性化人才培养、保护学生创新源泉的客观需要。

4. 提高学生综合素质的现实选择

学科交叉、知识融合、技能扎实是当今社会人才需求的重要特征，而创新创业教育的产生与发展，能够更好地满足经济社会对人才的需求。创新创业教育是素质教育的深化和具体化，是以学生的创新能力、综合素质培养为核心的广义的创新创业教育和以学生的具体操作技能培养为主要目标的狭义的创新创业教育的有机统一。

长期以来，在素质教育中提倡的培养学生的创造力和创新精神，提高学生的思想政治素质、道德素质、科学文化素质和身心素质等，正是创新创业教育课程在综合性上的体现和要实现的育人目标。因此，创新创业课程要着眼于学生知识的拓展与能力的提升，着眼于学生社会责任感的树立，是提高学生综合素质的现实选择。

三、组织形式及方法的有效性

（一）创新创业教育方法有效性的含义

创新创业教育需要分层施教。首先，是针对全体学生的普适层，旨在培养学生的创新创业意识，激发学生的创新创业热情，这大学生进行创新创业实践的灵魂和支柱。其次，是针对有创新创业意识学生的选择层，并愿意尝试的部分学生，旨在提高其基本知识、技巧、技能，这是大学生进行创新创业实践的基础和保证。最后，是针对具有强烈创新创业意向学生的强化层，或者已经开始创新创业实践的学生，旨在指导其顺利创业，这是大学生创新创业实践的助力和拔高。

随着教育的发展，"翻转课堂"这一方式逐渐受到重视——逐渐由传统的由教到学转变为由学到教，即由先学习再产生问题的流程，由学生先进行自主学习，发现问题后在教室中互相交流或者向教师提问，然后得到答案。这种问题导向型的方式利于学生更好地获得创新创业知识，更能提高学生的学习自主性、积极性和趣味性。当代大学生是一个具有独特个性的群体，也是一个普遍掌握信息技术的群体，网络创业已经日益成为大学生创业的新途径。通过建设创新创业课程网站，提供网络创业、网络检索、网站管理、网页设计、网络营销等学习内容，开展自测训练，提供创业指导，搭建创新创业教育平台，提高大学生的自主学习能力和创新创业能力，为他们的个性发展提供更大的空间。

（二）创新创业教育组织形式的构建

辩证唯物主义告诉我们，内容决定形式，而形式反过来又作用于内容。教学组织形式和教学方法要以教学目标和内容为依据，而科学有效的教学组织形式和教学方法则能促进教学目标的实现，高校可以通过以下几种途径构建创新创业教育组织形式：

第一，进行班级统一授课，规定一定阶段的大学生在特定的时期内由专门教师进行集体、统一授课，并要求其完成课程任务，修够学分。

第二，分层施教，为不同群体的大学生制订不同的学习计划，安排不同的课程设置，并有针对性地进行个别指导，注重学生个人能力的提升。

第三，开放式教学，即在线进行创新创业教育。脱离传统的教学方式，忽略了时间与地域的限制，学生可以根据自己的兴趣爱好自主选择所要学习的内容，以期达到最优效果。

第四，成立大学生创新创业社团，在教师的指导下进行实践操作，加强大学生的团队配合能力。

第五，建设企业孵化基地，为那些有潜质的创新创业项目提供孵化支持，从而使大学生的创新创业在最大程度上得以顺利实施。

（三）创新创业教育方法有效性的指导原则

大学生创新创业教育理念转变的同时，需要转化为教育实践，教育实践离不开有效的载体，创新创业教育课程及内容是有效的载体，而科学有效的方式是创新创业教育有效开展的基础。创新创业教育不能仅仅立足于缓解当前的就业压力，而应该立足于为全社会培养创新创业型人才，着眼于整个民族的创新与创业意识的培养，将创新创业信念融入民族精神，"创新是一个民族进步的灵魂"这一理念决定着创新创业的方向。因此，必须把创新创业教育渗透到教学目标，强化这一意识，使学生充分、正确地理解创新创业教育，从内心愿意接受创新创业教育。所以，大学生创新创业教育要本着在普适性的基础上开展有层次性、有针对性、有保障的教育。

高校创新创业教育方法有大学生创新创业课程讲授、创新创业竞赛活动、创新创业讲座、创新创业社团、创新创业基地、创新创业专项基金扶持等。创新创业教育方法有效性的指导原则主要有以下几点：

1. 创新创业课程讲授

首先是课程体系规范化讲授，即结合高校的实际，把通识类创业课程和专业化创业课程相结合，分层设置，满足不同学生的不同需求。其次是开放式课程讲授，即理论联系实践，在学习理论知识的同时有效加强模拟训练和实践操作，同时引进在线教育模式，扩大学生学习的选择范围。最后是延伸课程的讲授，把学校与企业结合起来，实现产学研一体化。

2. 创新创业竞赛活动

积极开展创新创业竞赛活动，展示大学生的创新创业实力和成果，如全国大学生挑战杯、创业计划大赛等，选拔优秀作品参加全校、全省、全国的比赛。大学生可以获得宝贵的模拟创业经历，学习、积累创业知识，培养创业能力，锻炼沟通交流和组织管理能力，提高分析和研究问题能力。

3. 创新创业讲座

定期开展"创业课堂""创业论坛"等创新创业主题活动。邀请成功的创新创业校友回母校办讲座，邀请著名企业家讲授创新创业知识和经验，通过专题讲座等形式开展创新创业知识和创新创业案例教育，特别是成功创新创业者的创新创业方法、创新创业过程、创新创业精神和创新创业规律等的案例教育，不仅可以启发学生的创新创业思维，而且可以拓宽学生的创新创业视野。

4. 创新创业社团

学校以创新创业社团、大学生创新创业指导中心等组织机构为平台，有针对性地开展"心理训练""创业研讨"和"创业模拟"等活动，磨炼创新创业者的心理品质，鼓励学生建立形式多样的创新创业团队，激发学生的创新创业兴趣，增强学生的创新创业意识，提高学生的创新创业人格特质，如意志力、创新力、坚韧性、责任心、诚实守信等。

5. 创新创业基地

以科研训练项目为载体，鼓励学生参加教师主持的科研课题研究。高校也可以根据学生创新创业项目的需要和特点构建孵化小企业的大学生创业园，让有创业计划和能力的学生在创业园创办小企业，不仅可以让学生在实践中体验到创业的艰辛和欢乐，总结成功的经验和失败的教训，而且可以磨炼学生的意志，培养学生的开拓精神，使学生积累经营、管理企业的经验。

6. 创新创业专项基金

创新创业的开展少不了必要的保障，而专项基金的建立可以保证创新创业的顺利进行。在符合国家和高校相关政策、要求的情况下，给予那些具有市场潜力、有发展前景的项目资金支持，不但可以让创业者个人实现梦想，而且促进了创新创业教育的开展。

（四）创新创业教育与高校思想政治教育组织形式的比较

高校思想政治教育注重对学生"三观"的培养，以期学生在思想道德上得以提升，使学生符合社会发展的要求；而创新创业教育是为社会输送经济发展所需要的创新创业型人才。在一定程度上，二者存在相同之处，且创新创业教育的有效开展与思想政治教育要遵循统一性原则，结合思想政治教育，通过创新创业教育把大学生个人价值的实现与社会对个人的期望紧密结合起来，二者在组织形式上也存在不同之处。

相同之处在于，二者都可以通过课堂讲授来使学生获得相关知识，也可以通过网络媒体宣传、引导，且都有一定的课程体系来支撑，都存在对意识层面的培养，都有一定的测评标准。

不同之处在于，创新创业教育可以把第一课堂与第二课堂结合起来，把理论学习与实践操作结合起来。创新创业教育可以以第二课堂为主，加强学生在社会实践、竞赛活动中的主动性，充分发挥其个人的主观能动性。创新创业教育可以采用分层施教的方式，有差异、有针对性地开展教学活动；思想政治教育则可以普遍加强理论宣传，在学习国家政策、上级文件的同时促进学生思想境界的提升。

四、在线课程教学的有效性

（一）在线课程的含义

人类文明发展的历史实际上是一部科学和技术的发展史。每一次技术的重大发明，都会给人类文明带来重大的改变，也会给教育带来巨大的影响，不仅会使教育的知识内容大量增加，而且会使教育思想、教育手段、教育方法更加先进，最终促使物质文明和精神文明共同发展。

在线课程也就是在线学习时设置的课程。"在线"是指利用计算机技术的网络在线，完全区别于传统课堂教学。它是以在线教育平台为依托，通过在线提问、开展小组学习、实操项目练习等，教师在线回答、出题、批阅等方式开展教学的模式，引导学生自主学习、积极学习、深度学习，最终达到获取相关专业知识，提升自我能力的目的。在线课程教学突破了时空的限制，冲破了时间、地点的束缚，又因为有着海量的资源储备，超强的知识辐射面，可以很好地调动学生的积极、主动性。在线课程可以转变传统的教学模式，切实地推行分层教学理念和翻转课堂理念，使教学更具针对性和实效性。

（二）在线课程的特征

1. 课程讲座视频

通常情况下，在线课程都会安排统一的时间授课，并规定完成课时的期限。但是为了方便和满足不同群体的时间，会提前录制好讲课视频，按照不同的知识点进行拆分或合并，并相应地补充相关的拓展性内容。这样可以确保学生随时学习、反复学习，既体现了自主性，又体现了针对性。

2. 嵌入式课程测验与评估

在线课程学习小测验可以通过在线练习题来实现。在线练习题可以使学生积极参与到学习中，鼓励学生"回忆"知识，检测他们的理解程度。大部分在线练习题都是机器按程序自动打分的，这样不仅能够给学生及时的反馈,而且可以帮助学生在数次练习之后掌握某一知识模块。

3. 全方位互动

在线课程学习过程中可以进行线上讨论和交流。教师可以通过在线平台积极参与到学生们的讨论中,或对学生的讨论和问题进行反馈;学生与学生之间可以针对相同领域或不同领域进行交流或寻求帮助,有些地理距离较近的学生能够通过线上约定时间和地点进行线下面对面的讨论和交流,可以大大提高学生的学习质量。

(三)传统创新创业教育实践教学的缺陷

1. 教育理念落后

高校往往对创新创业教育认识存在误区,认为创新创业教育教大学生如何创建公司、如何赚钱,甚至认为大学生在学校只是为了学习文化知识的,而创新创业是毕业之后的事。这些使创新创业教育仅仅停留在功利层面,没有上升到社会责任、民族精神的理论层面与价值高度。而且对创新创业意识的培养不够重视,往往只是传授书本知识,忽视了创新创业意识在创新创业活动中的重要地位和作用。

2. 师资力量缺乏

创新创业教育是针对高校大学生的,但作为教师,其本身必须具有创新创业意识。虽然教师有丰富的理论知识,但大部分没有受过专业的创新创业教育,缺乏创新创业意识,更不具备创新创业经历和创新创业实践指导能力,仍处于一种理论说教的层面,因而不能达到创新创业教育的根本目的。

3. 课程体系不健全

由于我国创新创业教育还处于初步发展阶段，虽然创新创业教育已经成为一门独立的学科，很多学校也都开设了相关的课程，但仍没有构建统一的、系统的创新创业教育课程体系，且大部分学校只是把它列为选修课程，很少列为必修课程，有些学校甚至没有配套的教材，全国还没有创新创业教育方面的统编教材。

4. 实践教学体系不健全

实践是检验真理的唯一标准。想要创新创业教育真正行之有效，还必须依赖与之相匹配的实践教学体系，但大多数学校缺乏与之配套的实践类课程，缺乏稳定的实践基地和平台，大多都是以竞赛的方式开展，对于学生来说，创新创业只是内心的一个想法，缺少真正将其付诸实践的机会。

（四）构建在线课程教学有效性的原则

1. 资源整合与优化原则

在线课程教学是一项系统的工程，它需要充分挖掘和利用现有资源，进行资源的结构性整合，实现资源效用最大化，整合各种实践教学内容。各个高校创新创业教育课程所使用的教材不尽相同，应该形成独立的创新创业教育实践课程，明确统一的、规范的实践教学的教学大纲、实施计划等，共建、共享，用统一的课程体系和课程标准指导在线创新创业教育的实践教学。

2. 主体性原则

在线创新创业教育课程教学应该强调学生的主体地位,体现在参与对象的"大众化"。要尽可能使多数学生参与在线课程教学,避免出现"精英化"倾向。在整个教学过程中重视培养每一个学生的自学能力,增强学生的主体意识,在每一个教学环节,都要给学生充分发挥学习主动性、积极性和创造性提供机会,培养学生的自主能力,突出学生的主体地位。

3. 掌握学习原则

教育是一种有目的、有意图的活动。教学质量的高低应该根据每一个学生学习成效的好坏来评价,而不是仅仅根据个别学生的学习效果。因此,不能仅凭借个别"精英"或个别"差生"就对教学质量的好坏作出判断。教师要给学生提供充足的练习机会,提供详细的问题反馈,在为学生解惑的同时也提高了教学质量。

4. 交融性原则

不同于传统的机械理论灌输,教师与学生充分结合,寓教于学,寓学于教,加强互动性,重视合作学习。同时也需要与社会实际相结合,使在线课程教学与各种社会性的最新信息相结合,在理论联系实际中解惑,增强学生分析、认识社会问题的能力,确保教学的有效性;还需要与学生的自身实际相结合,教师要充分结合学生的实际情况,引导和启发学生运用所学理论指导创新创业实践,帮助其在解决自身实际问题的过程中提高分析问题和解决问题的能力。

（五）构建在线课程教学有效性的主要途径

1. 构建高校创新创业教育课程在线教学平台

所谓高校创新创业教育课程在线教学平台，通常指在校园网上建立一个基于 Web 的教学平台，利用现代化的网络技术开拓创新创业教育的空间和渠道，逐步建立符合学生创新创业实际的创新创业课程教学网站。在线教学平台可以进行教学内容、教学课件等教学资源的上传浏览，作业布置与批改，教师和学生之间的在线交流，学生自主学习等，可以为教学提供全面服务。创新创业教育课程在线教学平台是集知识学习、思想交流、模拟实践、提升素质于一体的寓教于乐的学习网站。作为具有较强互动功能的大学生网上创业园地，它无疑将成为展示大学生创新精神、提高大学生创新创业素质的良好平台。

2. 构建高校创新创业教育虚拟课堂

网络教学是一种渗透式的教学模式，大量的信息出现在学生面前，他们会依据自己的想法和需求去确定自己对各种问题和知识的选择和学习。教师要利用网络的虚拟性和互动性，依靠丰富的在线教育资源，构建虚拟课堂，与学生共同加强网络空间的虚拟对话，实现师生互动与交流。同时，教师引导学生加强自我教育，与有效教学的任何一种教学模式一样，在线课程教学也要引导学生主动参与教学活动，不断提高创新创业能力。这就要求教师尊重学生的兴趣爱好，鼓励学生积极参与到教学中，实现师生之间的良性互动，还要培养学生的创新精神，使学生的思维更加灵活、开放，看待问题的视角更加多元。教师应引导、帮助学生树立正确的创新创业观,增强学生的创新意识,提高学生的创新创业能力。

(六)高校创新创业教育实践教学的有效性保障

1. 明确创新创业教育的地位和作用

创新创业教育不能仅仅以缓解目前的就业压力或跟风学习而开展,而应该立足于为社会培养创新创业型人才,着眼于整个民族的创新与创业意识的培养,"创新是一个民族进步的灵魂"这一理念决定着创新创业教育的方向。因此,创新创业教育必须与时俱进,及时更新教学理念,将创新创业纳入学校的人才培养体系,把学科与专业教育有机结合起来。

2. 构建科学、完善的在线课程体系

创新创业教育得以转化为教育实践离不开课程体系的支撑,可以说,课程体系的构建决定着创新创业教育的最终结果。构建的过程可以采用差异性的分层结构,有针对性地面对不同的学生,同时引入"翻转课堂"理念,将传统的由教到学转变为由学到教。

3. 加强师资队伍建设

创新创业教育师资队伍素质的高低决定着学生的创新创业能否取得成功。从目前国外创新创业教育的成功实践来看,创新创业教育教师队伍应由理论型教师和实践型教师、专职教师和兼职教师共同构成。同时,要加强教师创新创业意识的培养,加强教师创新创业的专业培训,让教师亲身去实践,切实体验创新创业,获得相应的经验,提高其创新创业

教育能力。同时，还可以聘请著名企业家兼职客座教授，以弥补高校实践型教师不足的缺陷。

4. 构建创新创业实践教学体系

可以自主设计、开发创新创业实践类课程，创建大学生创新创业实践基地，让学生在实践中得到锻炼，丰富实践经验。这样能使学生做到由理论到实践，把理论与实践相结合，并促使其尝试创新创业。同时还要加强第二课堂的锻炼作用，让学生到企业中去体会、去感悟，从而积累经验，提高创新创业素质。可设置《创新创业模拟实践》《创新创业项目训练》等形式的实践活动类课程。

5. 建立健全创新创业教育的保障体系

首先要理顺机制，明确职责分工，做到各司其职，形成清晰的工作流程。其次要建立完善的相关规章制度，为创新创业教育开展提供制度保障。再次要营造创新创业教育的校园文化氛围，可以通过广播、校报等宣传工具，大力推进创新创业精神的宣传工作，使广大学生处于创新创业氛围中，形成良好的创新创业风气。从次要建立相关的支撑体系，包括人力、物力、财力等，如设立创业基金、聘任专职导师等，确实保证创新创业教育的开展得以顺利进行。最后要建立大学生创新创业的激励机制，如设立专项奖金、荣誉证书等，鼓励大学生积极创业，树立创新意识，进而提升创新创业的综合素质。

第五节 创业平台

一、打造能创业的空间

政、校、企协同打造创业平台和创业基地，让师生时时、处处能创业。构建创新创业实践教学体系，搭建多样化的实践教学平台，让每一个学生都能实际动手，学以致用，具备独立思考和判断的能力。另外，借助校外第二课堂，加强校企合作，拓展校外实训基地，还可以利用假期参加社会实践等，通过直接、真实的企业环境，体会创业的乐趣与艰辛，锻炼学生的应用能力、社会实践能力、创新能力，增强学生对创新创业的信心和决心。

所以，创新创业教育实践教学环节不能仅停留在课堂或举办几场讲座、培训上，要加强实践教学环节，推进实施体验式教学，强化校企合作，切实加强创业实践基地建设和成果孵化基地建设，创建大学生创新创业实践基地，让学生边学习、边实践、边创业，通过校企联合的模式，广泛搭建学生实习、实训、创业和就业的综合服务平台，让学生走进社会，了解创业环境。

（一）"O2O 联动"共建创业平台

学校依托校企合作、学创融合、线上线下共融发展的思路，倾力打造创业平台。争取政府支持，引进企业，为学生提供平台、货源、技术支撑。

（二）"三业互通"建立创业基地

学校可以将"专业—企业—创业""三业互通"，集合校内外专业实训基地、创业空间和创客联盟共同打造创业基地，建设"大学生创业孵化基地"和"协同创新中心"，向全校师生开放，为学生提供创业场所，培养学生的创新能力。

二、转变传统教育理念

（一）变"适应性教育"为"创造性教育"

长期以来，传统的教育思想扼杀了学生的创造性，学生不敢挑战、不敢表现个性。直至今天，部分高校仍未能树立正确的创新创业教育观，没有予以充分重视，不能发挥创新创业教育应起的作用。高校肩负着时代赋予教育的使命，需要将创新创业教育的重要性提高到专业文化教育的高度。教育正经历着一场缓慢而深刻的革命。

笔者认为，应给学生提供一个广阔的平台，引导学生转变思想观念。教育活动不应该仅局限在课堂，应该拓展到课堂之外，开发"第二课堂"，学校可以根据办学水平、层次自主进行选择，用创新创业教育思想来指导教学育人的全过程。

（二）借鉴外地先进经验，取长补短

目前，国外很多国家都相继开展了创新创业教育，创新创业教育在国内很多省市高等院校发展得也很迅速，拥有相对完善的课程体系。

在国外的教育课程中，通常以现实创业环境为教学切入点，以创业

演练体验式教学为重要形式,经过模拟或实践,帮助学生理解创新意识、创业规律,激发创造热情。有条件的院校还会让有志于创新创业的学生初试牛刀,让学生在创新创业的过程中尝尽酸甜苦辣,这种崭新的教育模式,使学生找到了最适合自己的创业方向。有的学校拥有较为完备的配套服务设施,创新创业教育研究和实践体系构建已趋成熟,教学内容充实,教学经验丰富,并取得了举世瞩目的成绩,值得我们学习、借鉴。

(三)完善人才综合素质评价体系

现有的高等教育"重传授、轻参与""重课堂、轻现场",考核评价内容"重知识的记忆、轻能力的掌握",难以有效推动学生综合素质的提高。在追求学科完整性、逻辑性的基础上,满足实际需要的前提下,对教育对象进行价值判断,直接体现了人才培养规格和人才质量的价值评判。创新创业教育质量评价急需尽快实施,作为素质教育的核心内容,必须将创新创业教育纳入人才综合素质评价体系中。教育部有关文件中也有明确要求,提出了重要的评价指标,把创新创业教育教学质量、创业质量等列入标准,可以使以创新创业教育为重点的人才综合素质评价体系得到进一步加强。

三、不断深化教育体系改革

(一)重视师资队伍建设

要培养学生的创新创业意识和能力,首先要求教师能够正确引导、分类施教,能够以教授创新创业知识为基础,以锻炼创新创业能力为关键,以培养创新创业精神为核心,通过开设创新创业技术选修课、模拟实践过程的活动课、展示创业业绩的环境课、创设体验式教学情境等，让学生掌握创新创业的基本流程和方法，了解相关法律法规、政策，激发学生的创新创业热情，提高学生的社会责任感。如果没有一支既有创新创业理论知识又有创新创业实践能力的教师队伍，那么学生就不能正确而全面地接受到创新创业知识与理论的系统教育很难在今后的创新创业活动中取得成功。因此，培养一支科研型、实践型创新创业教育师资队伍是深化教育体系改革的重要环节。

对师资的重视也要加大投资，既可以聘请企业家、企业中高层管理人员来校做兼职教师，也可以聘请创业典型人物、成功校友来校讲座，形成相对稳定的、专兼结合的师资队伍，才能使创新创业教育更贴近社会和大学生实际。因此，创新创业教育的师资建设应建立广泛的渠道、采取灵活的方式、全方位地开展，还可以借鉴别国的做法，聘请有高等教育背景的小企业家，因为他们不仅具有扎实的理论基础，而且更重要的是他们有丰富的创业实践经验，用这些企业家作为兼职教师指导学生进行创新创业实践就不再是纸上谈兵，可操作性更强，指导学生创业成功的概率就会更高。

（二）完善课程体系设置

笔者认为，创新创业教育课程体系应由以下两个方面构成：首先，在课程安排方面，开设专门的创新创业教育课程，以必修课的要求强化大学生的创新创业基础知识和意识，培养大学生的创新素质和基本创业技能。同时，设立创新创业教育培训中心，实行导师制，创造条件让有创新创业需求的大学生真正能够参与创业项目选择、创业融资、公司组织管理等提高创业技能的锻炼，学到有用的知识，提高创新创业技巧，从而减少创新创业的盲目性。

其次，在课程设置上，创新创业教育要与专业教育相结合，充分体现以学生为中心，与经济建设和社会发展急需的新知识、新技术、新工艺、新方法相结合，将其尽可能地、及时地融入创新创业教育新课程体系中，并把创新创业教育渗透到专业教育的各个环节，充分发挥学生的主体性，激发学生的创新创业精神和能力。在课堂教学中，一方面，教师要打造敢于思考、大胆质疑的良好课堂氛围，在指导专业类课程教学过程中注入创新创业教育知识、能力等相关内容；另一方面，教师可以通过开展一些实习实训活动，实现课程的系统化、多样化、特色化、实用化。

（三）营造良好文化氛围

文化的影响是深远的，榜样的力量是无穷的。利用一切宣传手段，在各个环节融入创新创业精神，争取达到全面教育的目标。此外，还可以树立勇于创新创业的榜样，通过比赛、奖励、支持有志于创新创业并取得成功的学生，鼓励学生张扬个性，营造敢于创新创业的氛围。

（四）搭建实践教学平台

实践教学是实践能力培养的重要环节。大学生要想造福于社会，必先走进社会。构建创新创业实践教学体系，搭建多样化的实践教学平台，让每一个学生都能实际动手，学以致用，具备独立思考和判断能力。另外，借助校外第二课堂，加强校企合作，拓展校外实训基地，还可以利用假期让学生参加社会实践等。

（五）充分发挥政府保障职能

政府的职能有很多，在对创新创业教育发展提供一个良好的外部环境的同时，需要政府进一步转变职能，在保障服务方面出台相关政策和措施，对创新创业教育活动进行系统研究的基础上，科学规划、有效组织和管理，切实增强创新创业教育的实施效果。总之，要强化政府对高等教育采取宏观调控的职能和政府的服务职能，对创新创业教育提供"三位一体"的保障。

（六）制订有利于创新创业的制度和政策

一方面，让大学生更好地深入了解创新创业政策，如税收减免等，使大学生能够更好地利用相关政策，帮助那些具有创新创业想法的大学生成功进行创新创业活动；另一方面，针对政府对某些创新创业政策的缺位，需要及时出台相关针对大学生的创新创业政策，通过国家政策的倾斜调整以及各级各类指导机构的建立，有必要联合其他机构启动一些促进大学生创新创业教育的重要措施，为大学生创新创业教育的顺利开展提供了有力保障。

（七）完善与创新创业相关的法律法规体系

在任何一个法治国家，其创新创业教育活动的开展都是以立法为前提的，仅在美国，与之相配套的相关法律法规就有几十部，政府要尽快制定、出台规范高校创新创业教育及其配套的法律、法规、规章及其具体的实施细则，必须加强创新创业相关法律法规的建设，各省市也要出台一系列配套措施，内容要涉及开创、融资、税收、培训等方面，全面为其创造良好、有序的外部环境，确保有法可依，促进其朝着积极的方向开展，从根本上保障高校创新创业教育的稳定、健康、快速发展。政府的优惠和鼓励政策，作为创新创业教育外部环境的重要组成部分，是一个有效的助推器。

（八）建立多渠道创新创业的基金来源

针对当前高校创新创业教育融资难的现实问题，刚从校园出来的大学生初期肯定毫无资金积累，除少数有家庭支持外，多数都将面临资金难题。而我国对高校创新创业教育的资金投入较少，"雪中送炭"的项目更是难以得到政府资金的支持。国内银行融资服务又往往被国有企业和集体企业独享，因此，要建立多渠道的基金来源，就要吸收风险投资、发动民间协会和慈善组织或公益性基金协会为发展教育筹集资金，广泛争取各类资金支持，为创新创业教育的开展提供有效的资金保障。加快建立和规划创新创业教育投资机制和投资政策扶持体系。总之，仅依靠中央政府的投入是远远不够的，在这一点上地方政府可以借鉴发达国家的经验，如争取校友及慈善机构的投资，或设立"大学生创新创业教育基金"，专门用于保障大学生创新创业多渠道基金来源的管理。

四、构建完善的社会支撑体系

（一）引导积极的创新创业舆论

目前，大多数学生信心不足，主动性、独立性和进取精神差，缺乏强烈的创新意识和创业欲望。我们首先应该转变对过去教育观念的认识，树立积极、正确的创新创业观念，全社会应当对创新创业教育予以必要的尊重和支持。

（二）创造良好的创新创业环境

有什么样的环境氛围，就会培养出什么样的人才。创新创业教育的成功不仅取决于个人的努力，更需要营造浓厚、良好的氛围。应由高校牵头，以国家为主导，省级主管部门要积极协调、配合，为大学生自主创新创业提供新的支撑平台。教育部部长袁贵仁也指出，力争在政策、程序方面为大学生提供方便，积极开发、利用各种资源，用以扶持大学生创业。只有通过切实、有效的政策支持和良好的创业环境，才能使大学生创新创业教育活动有效展开并取得成功。

（三）动员全社会创建各种支援体系

创新创业教育支援体系内容丰富，结构庞大，涉及很多的利益相关者，不要只看到创新创业活动存在的风险性和艰巨性，还要认识到它的利益性和战略性，需要方方面面共同努力来构建，如家庭、社会、媒体、政府、学校和企业等的共同支持，还包括他们的建议、咨询和指导、人力、物力、资金支持等，这些表现都会影响到大学生的创新创业水平。而社会的普遍认可、政府的提倡、非政府组织的参与、企业的接纳、学校的积极行动等都能带来一个良好的创新创业教育环境，为创新创业教育搭建一个很好的平台。因此创新创业教育不能只是学校的课堂教学和活动，而应把整个社会环境都包括进来。在美国，创新创业教育支援主体涉及"民、官、学"，并不是单以政府为主，需要全社会的支持。所以,高校除了内部努力开展创新创业教育整合校内资源,还应建立政府、高校和社会之间的有效沟通、协作机制,大力开发社会扶持力量,加强与兄弟院校的交流、合作,构建创新创业教育体系,使更多的学生成为创新创业教育的受益者。

五、构建长效的运行机制

（一）建立创新创业教育管理平台

建立一个完善的创新创业教育管理平台是创新创业教育取得实效的充分保障。目前,应用型本科院校创新创业教育普遍存在的一个问题就是没有建立或没有完善的创新创业教育管理平台,致使全校上下没有形成一股合力。

学校应该将创新创业教育工作纳入学校的重要议事日程,建立规范、科学、系统的管理平台。成立独立的创新创业教育研究部门,专门负责创新创业教育的实施与管理,如制订创新创业教育的实施方案,负责创新创业教育活动的组织、指导、督促、协调和管理。人事处、教务处、团委、学生处等职能部门和二级学院则负责组织实施小单元化的创新创业教育管理和服务工作,形成"多方参与"的创新创业教育协调机制,整合各部门的教育资源,以保障创新创业教育工作的顺利实施,实现创新创业教育成果的最大化。

（二）完善创新创业教育教学管理评价机制

笔者建议可以把创新创业教育列入高校教学水平评估的考核指标之一,从制度上确保高校创新创业课程的实施。在保证创新创业教育顺利开展的同时，高校应对创新创业课程的教学质量进行严格的检查，建立科学、合理的创新创业课程教学质量评估体系，通过专家评价、教师互评、学生评教等形式对教师的教学态度、教学水平、教学方法和教学效果等进行全面的评估。同时，出台相应的政策，将评估结果与教师工资相挂钩，以提高教师对创新创业课程的重视程度，促使其不断改进教学方法，提高教学质量，保证教学效果及学生的培养质量。

六、拓展实践基地建设

（一）科学、合理地利用校内创新创业孵化基地

随着各高校对创新创业教育的重视，众多应用型本科院校也相继成立了自己的校内创新创业孵化基地，但因为大多数基地处于刚成立的状态，所以基地的硬件设施、软件配备、运行方式等还不够成熟，存在诸多问题，致使基地的使用效果大打折扣，没能充分发挥出应有的作用，主要存在以下几个问题：

一是在基地建设往往来自学校或政府的拨款，容易出现钱多办大事，钱少办小事的情况，背离原本的教学计划，可以参考国外高校通过民间、企业、校友募捐的做法。二是在基地的建设方面，除了要保证基础的硬件设施、相关仪器设备，还要考虑通过多种方式，形成基地内的良性竞争，营造良好的学术氛围。三是在孵化基地的建设方面，除了要加强宣传，保护学生的创业热情，对于所要扶植的项目，要有规范的、完善的保障制度，从而保障孵化项目的顺利成长。四是保证基地硬件配备齐全的基础上，还要注重基地软件的配套建设，要为基地配备专业的指导教

师，全程跟踪指导孵化项目的进行，同时出台相应的保障制度和措施，保证师生的参与热情和权益。

（二）拓展校外创新创业教育实践基地

一个成熟的创新创业教育平台需要若干个校外实践基地的支持，创新创业教育的最终目的是应用于实际，只有校内的实践基地显然是不够的，必须积极拓展校外实践基地，才能更加贴近社会实际。对于校外创新创业教育基地的拓展，笔者建议应用型本科院校应积极寻求和整合各方资源，发挥自身的特长，在校企合作、产学研合作方面做一些延伸和探索，各学科、各专业发挥各自的资源优势，在地方特色经济开发区、产业园、科技园等经济产业密集区积极开拓，为学生打造专业的校外实践基地。

（三）其他模式的创新创业教育实践基地的开拓

此外，还有少数高校已经完成或正在努力尝试将校内的工科实验基地转化为创新创业教育基地。例如，西南交通大学在1997年成立"超导技术研究所"，此后承担了国家"863"计划、国家自然科学基金等重大科研项目10余项，并于2000年成功研制世界上第一辆载人高温超导磁悬浮试验车，2003年，该研究作为学校一个重要的创新基地正式成立。部分应用型本科院校也可以以此为参考，发挥校内工科实验基地的创新优势，将其过渡为创新创业教育基地，让更多的学生参与其中并受益。

第六节　创业管理

一、创业团队的管理

当代创业一般是团队作业，单打独斗的创业者固然可以谋生，但很难走得更长远。组建一支优秀的创业团队是十分困难的，比这个更加困难的是经营一支优秀的创业团队，并在企业的发展中不断对创业团队管理进行优化。

对于创业者而言，在项目经营和公司发展中如何组织、优化和凝聚团队，是其日常工作的重中之重。创业一开始，团队成员会沉浸在对愿景的美好向往中，靠创业的激情支持日常的工作，这点在大学生创业中极其常见，创业团队成员中彼此熟识，也可能是多年的同学和伙伴。在创业伊始，他们彼此承诺、无悔付出，但日常的创业工作十分具体，创业愿景具体化到每一天就被日常的业绩考核、产品的不断修正、客户渠道的不断调整等看似无休止的具体工作所代替。团队成员之间的认知差距、利益冲突、工作习惯等方面的矛盾也会逐渐显露。创业团队日常管理中可能会出现以下几个主要矛盾：

（一）创业团队成员之间的信任问题

虽说创业团队成员之间的互信是团队维系和运营的基石，但相互信任却要通过长期的磨合才能形成，在创业团队成立之初，这种信任十分脆弱，必将会在工作过程中经受考验。

团队中出现信任问题时，常常是在团队面临转型发展和团队成员之间需要分配权力和利益的时候，对于初创的创业团队来说，建立日常的监督机制和互信框架固然重要，但是创业者在日常具体工作过程中培养两个成员之间或多个成员之间基于日常工作项目的合作而产生的信任，是十分重要的。日常信任的累积，会在出现信任危机的时候，挽救团队。

（二）团队及公司发展的矛盾问题

凡是愿意加入创业团队的人，通常对未来有着执着的构想，并想通过自己的努力打造自己认为最完美的创业团队。若是执着，难免就会有矛盾。成员之间因为成长背景、专业背景和特征的不同，对公司的战略决策、公司的组织发展、核心团队的权力分工都会有不同的认知：做技术出身的合作者，常常有产品为王、内容为王的偏执观点；做销售出身的团队成员，也有这渠道独大的执念；做财务出身的合作者，将企业现金流和权益收入的比例关系奉为圭臬。这些认知的偏差会在团队及公司的发展过程中累积各种各样的矛盾，也容易让整个团队迷失方向。有时候，基于自身的工作、专业背景和成长经历，每个人都不会认为自己对公司发展的认知是错误的，但是站在全局的高度，有可能是有偏颇的。

真正优势互补的优秀创业团队，是能够调和这种对于团队和公司发展的认知矛盾，能够在创业团队内部树立公司全局的战略眼光，具体到每位核心团队成员，都应该认识到产品营销、财务、市场、公关等各个与创业团队成员本身工作交叉不大的内容模块，而并非将自己所擅长的那部分凌驾于团队之上，将自己的感性认知当作对于市场理性调研之后的分析，对团队及公司的发展从战略到战术层面，团队成员在正式或非正式空间都应多沟通，避免做出不负责任的判断。创业者应该主动发起这类活动，帮助团队成员达成共识。

（三）创业团队成员间利益分配的矛盾问题

创业团队成员的利益分配常常是团队中一个比较敏感的话题，利益分配重薪水、补贴、签字权到股权分配，貌似一个比一个敏感，但却是解决成员之间矛盾最重要的基本点。在大学生创业团队中，为了避免矛盾出现，在团队刚成立时常常会采用平均分配股权的方式。但随着公司的发展，这种平均主义会带来许多负面影响，在将来的创业工作中，团队成员之间因为能力和动机的差异，对团队的贡献度也会产生差异，如果采取平均主义来分配股权和其他权益，对贡献较多的团队成员来说是不公平的。但矛盾的是，如果把股权高度集中在几个人手中，对创业公司来说，比较难吸收外部人才，也很难激发全体员工的积极性，如果在将来介入资本市场的时候，对高度集中的股权进行改制，也是非常棘手的。

创业团队之间的利益分配矛盾，从团队建立开始就应该考虑到，从团队成员责任和义务出现明显差异开始，这种权利和义务分配的动态变化，就有必要在公司中进行。如果出现相关矛盾，应该尽早解决。如果有团队成员只愿意分配利益，而忽视贡献比例，那么作为创业者则需要对这一类成员的离开做好相关的准备，因为对于他们来说，这样的"委屈"很可能会导致他们离开团队。各类权责的及时调整，是企业动态发展的必由之路，对于股权和期权的及时调整，也是团队吸引外来技术骨干和管理人才的必要措施。

（四）创业团队成员的管理权限问题

创业团队成员的管理权限问题，也会在创业团队快速发展的过程中成为团队的主要矛盾之一。创业团队成员在创业团队建立初期所管理的东西相对来说比较专一，主要的协调由创业者或者核心团队成员在行使。如果出现主要管理人员和技术人员的权责不统一的问题，主要会产生以下几点矛盾：第一，会打消创业团队成员的工作积极性；第二，会影响到团队的沟通和日常工作的及时进行；第三，会造成管理、沟通上的滞涩，不利于营造良好的工作氛围。

针对这种情况，创业者需要跟人力资源部门的负责人协调，有时候要跟具体的创业团队成员相互沟通，共同决定，而不是直接进行管理权限的更改。

（五）创业团队中权威谁属的问题

相较于行业内的大公司，创业团队必须高效决策，快速行动。才能在市场竞争中实现快速发展，才能以小博大、以弱胜强。这就需要在创业团队中树立权威，无论是在管理方面还是在产品设计方面，当产生冲突时，团队成员意见不一致时，应该由权威成员做决策。

通常情况下，普通的创业团队只需要有一个权威。在创业团队中，团队创始人是至关重要的存在，可以充当做决策的角色，他必须对团队中存在权威的事实有非常理性的认识，他必须具有创业者的胸怀和品质，有创业者的素养和能力，发挥团队中各成员的能力和潜力，且允许在自己认知不足的部分或团队中的细节部分存在其他权威，而不是固执地以自己的思路为准绳。例如，在管理方面，如果自己的性格不合适，应该把适合管理的团队成员塑造成权威。

二、独特团队精神的打造

创业文化和创业精神是值得创业团队着力打造的精神力量。创业团队的创业精神是一种行为特征，会促使创业团队的成员采取主动的方式承担和完成职责以内的任务，并以无私的态度主动完成职责以外的任务。循规蹈矩的创业团队的发展空间是有限的，且很有可能会在竞争中被其他公司击败。

创业精神的塑造，可以从以下几个方面入手：

（一）协作共享

协作共享是创业团队发展的基础。传统的观点往往认为这是团队自治的关键，实质上，在创业团队精神塑造的过程中，应该更多地考虑到创业团队成员在知识能力和角色等方面的互补性。创业团队的协作进取绝不是一团和气地按部就班和循规蹈矩，而是在竞争的大环境下通过日常的"百家争鸣"来提高公司内部的竞争力，避免创业者的决策失误。团队成员之间开展深入的沟通、交流，有利于实现个体团队成员的价值，建立良好的工作氛围和团队文化。

（二）风险共担

要塑造一支富有创业精神的创业团队，就需要培养团队成员之间共担风险的思维。通常情况下，在创业团队中具有差异性的创业团队成员需要面对的风险是不同的，创业团队中极有可能存在极端风险的爱好者，也有可能存在极端风险的厌恶者,创业团队的成员很难用相同的态度面对风险。

而具有创业精神的创业团队,团队核心应该利用团队成员的差异性,让不同的团队成员从各自不同的视野认知、分析、评估风险,做到风险感知的有效组合。从这个角度来说,团队精神,要求具有差异性的创业团队成员以一种积极的态度共同判断事件发生可能存在的风险,并采取共同承担风险的方式,不仅可以减缓个体成员独自承担风险所带来的巨大精神压力,而且能够有效减少决策失误所造成的巨大经济损失。

(三)认知共享

认知共享是后知识经济时代创业团队的显著特征,也被视为精神的基点。例如,对创业机会评估的共享,采用团队评估的方式就可以极大程度地提高对创业机会的认知水平。在创业团队经历市场的起起伏伏和人与人之间的磨合之后,对项目的总结、知识的储备、产品的优化等方面内容的认知共享,使团队成员提高了集体意义上的综合警觉性,有效地保持了整个团队对机会和风险的认知能力,进而提高了个体团队成员的知识储备和综合能力,有助于形成具有复合能力的创业团队,从而为创业团队今后的发展奠定坚实的基础。

(四)集体创新

集体创新是现代化竞争中检验创业团队创业精神的重要标准。在应对持续存在的竞争时,创业团队可以就一个项目、一个产品、一个环节的创新和改进凝聚整个团队成员的力量,并通过这种团队成员对团队组织的向心力来推动创新方案的形成和落实。在创业团队中，孤立的创新最终将会被孤立，而集体的创新会使整个创业团队在发展中一直保持先进性和创造力。

三、创业时间管理

在现代企业管理方法中，时间管理实质上是一个系统性的、科学的管理方法。大学生创业者拥有学生和创业者双重身份，这就意味着在大学校园的生活中要承担更多的责任，要更好地规划在校时间。因此，系统地掌握时间管理方法，对大学生的学习和创业是十分重要的。

（一）对时间管理的认知

时间管理的真正目的并不是让时间多起来，而是有更多属于自己的时间，并因此平衡好工作和学习。大学生创业本身是一种对学习平衡的打破，因此，在创业和学习过程中掌握一种动态的平衡规律，无论是对学习还是对工作来说，都是十分重要的。

大学生创业想要获得成功，管理好时间是一个重要且关键的要素，从某种意义上说，大学生创业能否成功和他能否管理好时间成正相关。管理好时间的创业者，是时间的主人，他虽然每天都很忙，但忙而有序，忙而有效。如果大学生创业者能够合理地安排好每天的时间，有效地利用零碎的时间，其拥有的学习、工作和生活的"有效时间"会大大增加。

相对于其他大学生来说，大学生创业者的时间压力更大，除了正常的学习和生活，还要打理创业项目，时间管理的需求更加迫切。在整个大学生涯中学会自我学习，自我管理，合理、有效地安排时间，逐渐养成一个良好的时间观念，对整个创业项目以及整个职业生涯的发展，都有积极的意义。大学生创业者可以从以下几个方面培养自己的时间管理能力：

1. 有明确的方向（目标）

创业项目的选择本身就是方向性的选择，创业者要在林林总总的创业项目中选择与自己相匹配的项目进行运营,要养成好的时间管理习惯，如勤快、办事不拖拉等，这是高效利用时间必备的行为。

2. 明确时间管理目的

时间管理的目的是通过最短的时间，达成最多的目标，以求时间利用的最大化，提高时间利用的质量。

3. 有明确的个人计划

根据目标，将每年、每学期、每月、每天、每小时要做的每一件事情都列出来。从这个意义上讲，时间管理可以从以下五个方面入手：以年为单位的时间管理、以学期为单位的时间管理、以月为单位的时间管理、以天为单位的时间管理和以小时为单位的时间管理。

4. 适时调整、修改计划

计划没有变化快，在一些特定的情况下，计划需要依据客观情况进行调整，适时做好计划的调整才能更好地与时俱进。但计划的调整是有原则的，计划修改的原则是刷新和升级，是不能降低原来的标准，不能改变原有的目标。

如果经过反复思考或与他人商定后，确认原有的目标确实不切合实际，要及时知难而退，知难而退并不是就此终结，而是重新制订新是计划，以新的、更切合实际的计划来代替原来的计划。

5. 做事有技巧

把事情分出轻重缓急，有主有次，按照一定的规律去按顺序完成。确定优先次序，先做重要、紧急的事；再做重要而不紧急的事；紧急但不重要的事，要学会放弃；不重要也不紧急的事，尽量不去做。在所要做的事情中，先做最有价值的事，人的价值一般是通过他所做的事情的价值体现出来的。

6. 明确自己的目标

把主要的时间和精力放在最重要的事情上，适当兼顾他人的要求，要让自己周围的环境更加和谐，让自己处在与自己价值观相同或相近的人群中，保持良好的个人情绪，提高做事效率，坚定目标。

7. 争取把事情一次性做对、做好

能一次做完的事情一定要一次做完，绝不拖拉，重复和反复做同一件事情是很浪费时间的，要有时间成本的概念。

8. 学会向知名人士、业内的顶尖人士学习

向师长、学长学习，吸取他们成功的经验和失败的教训，取其精华，去其糟粕，这是一种非常有效的时间管理方法。

（二）时间管理最重要的三件事

1. 明确个人目标

（1）简明地写下对每个目标的描述。例如：①在接下来的三个月里通过英语四级考试，并完成我的创业计划书。②每天至少有半个小时的跑步时间。③周末去骑自行车。④尽快筹集到创业资金。

（2）明确目标的优先权，即按照优先程度将目标进行排序。例如：首先，通过英语四级考试，并完成我的创业计划书；其次，尽快筹集到创业资金；最后，每天至少有半个小时的跑步时间，周末去骑自行车，这两个都是不错的目标，但不是这三个月中最优先的个人目标。

（3）决定要实现的最优目标一定是必须要做的事情。例如，对于大学生创业者来说，通过英语四级考试，并完成创业计划书这一目标就是必须要做的事情。

2. 锁定关键目标

关键目标对大学生创业者来说是至关重要的，必须要努力实现关键目标，才能确保创业项目和团队的持续运转。

3. 从目标到任务

通常情况下，关键目标都是总体性的，我们无法直接实现，必须将它们分解为一项管理的任务和对应每一项任务的工作，可以通过以下四个步骤进行时间管理：

第一步，将目标分解为一组易于管理的任务，回顾每个小目标，然后列出实现目标所要完成的任务。

第二步，确定优先权，列出完整的任务列表后，分别确定每一项任务的优先权。确定的优先级别，应当反映每项任务所支撑的目标的重要性。你的重要目标应该包括关键目标，是那些具有高价值并应当最先受到关注的任务；重要目标，包括选择目标和那些最具价值的目标；不重要目标，是那些价值极低的、非紧急的任务。

第三步，对任务进行正确排序并检查任务，确定任务的完成顺序。例如，如果你的创业项目与手机软件的开发流程有关，你和你的创业团队必须等待部分，不是全部的硬件到位后才开始工作。在项目进程中，多数硬件支持和软件开发工作可以并行开展，如项目的外观优化和包装。

第四步，估计每一项任务需要花费的时间。对时间的估计并不总是十分明确的，因此，你可以咨询你的导师、前辈或者其他能够帮助你估计时间的人，然后预留出10%~20%的缓冲时间，以应对不可预料的问题。除此之外，你还应该确定完成每项任务或者活动的"最终期限"，因为"最终期限"对年轻人的学习、生活和创业来说既是压力也是动力，应尽量避免在"最终期限"到来的压力下做事。

创业本身是一个团队的活，最终是靠团队取胜，要想完美地落实一个较大的创业项目，可以使用工作分解结构方法。在未来的创业过程中，将一项创业目标分解成许多需要完成的小任务，同时，计算好完成这些小目标需要的时间，是分解结构方法的主要特征，需要注意的是：

（1）目标是有效时间管理的起点，其他任何事情都应追随目标这个起点，如果不能确定自己的目标，不要期望在时间管理上有太多的收获。

（2）要根据重要程度划分目标。

（3）寻求公司目标、团队目标和个人目标之间的统一，是我们在创业实践管理中要做的核心工作。

（4）要使目标成为行动的有效指南。目标应该具有以下特征：明确的书面条款和时间期限、可度量性与战略统一性，具有挑战性，但可以实现。

（5）当你和创业伙伴共同进行目标设置时，必须确保他/她有能力去承担新的目标，理解这些目标的重要性。

参考文献

[1]任志新,李婉香.中国跨境电子商务助推外贸转型升级的策略探析[J].对外经贸实务,2014.

[2]苏曼.跨境电商专业人才胜任素质模型研究[J].高等工程教育研究,2016,(03):170-174.

[3]郑雪英,赵婷.信息时代下跨境电子商务人才培养路径探析[J].江苏商论,2014,(11):25-27.

[4]项捷."跨境电子商务"课程建设的思考与探索[J].中国市场,2016,(41):131-132.

[5]鞠媛媛.跨境电子商务课程实施慕课教学探究[J].天津商务职业学院学报,2015,(05):74-76.

[6]张倩,詹浩勇.我国高校国际经贸类专业跨境电子商务课程实训探索[J].对外经贸,2016,(12):131-134+153.

[7]柯丽敏,王怀周.跨境电商基础、策略与实践[M].北京:电子工业出版社,2016:1-2.

[8]尤妙娜,刘晓丽.应用型本科专业人才培养模式国内外文献综述[J].湖北函授大学学报,2014,(14):1-2.

[9]李再跃.电子商务概论[M].北京:教育科学出版社.2013.08.

[10]瞿群臻.中外企业孵化器发展研究及对中国的启示[J].科学管理研究.2005.10.

[11]章剑林.张佐.吴冷.创新创业型电子商务人才培养的探索与

实践：阿里巴巴商学院教学改革研究论文集[D]．北京：清华大学出版社，第1版（2013年5月1日）．

[12]董志良．都沁军．创业型电子商务人才培养的理论与实践[M]．北京：经济科学出版社，第1版（2013年12月1日）．

[13]荆林波，梁春晓．中国电子商务服务业发展报告（2013版NO．2）/电子商务蓝皮书．北京：社会科学文献出版社，第1版（2013年5月1日）．

[14]荆林波．黄浩．赵京桥．中国城市电子商务影响力报告2012[R]北京：社会科学文献出版社，第1版（2012年6月1日）．

[15]王琼．新形势下高校跨境电商人才培养路径研究[J]．温州大学学报，2016，（05）：93-98．

[16]朱超才．"互联网+"背景下跨境电商人才培养策略[J]．通化师范学院学报，2016，（02）：97-99．

[17]苏巧勤，曲国明．"跨境电商"背景下独立学院国际贸易专业人才培养研究[J]．经济研究导刊，2016，（17）：84-87．

[18]李佐．浙江省跨境电商人才需求分析及培养模式研究[J]．现代经济信息，2016，（23）：477-478．

[19]关于跨境电子商务零售出口税收政策的通知[Z]．2013-12-30．

[22]关于大力发展电子商务加快培育经济新动力的意见[Z]．2015-05-04．

[21]关于加快培育外贸竞争新优势的若干意见[Z]．2015-05-12．

[22]电子商务研究中心．2017年度中国出口跨境电商发展报告[R/OL]．2018．

[23]国务院出台6大措施支持跨境电子商务零售出口[Z].新华网,2013.08.29.

[24]艾瑞数据 2012~2013 年中国跨境电商市场研究报告简版[R/OL].2013.12.

[25]艾瑞数据 2012~2013 年中国跨境支付市场调研报告简版[R/OL].2013.12.